Kabbalah
Wisdom

Kabbalah
Wisdom

從混沌到和諧

From Chaos To Harmony

麥可・萊特曼 著　周友恒 編譯

The blind person drives the blind people.
The blind people guide the blind person.
（一個瞎子驅使著一群瞎子往前進，
這群瞎子又反過來指引著那個瞎子。）

看不見前方，人類將滅亡。
Where there is no vision, people perish.

——Proverbs 29：18, Bible 箴言《聖經》

問題不可能在其自身發生的層面被解決，對一個問題的解決總是需要提升到一個更高的水準才能實現。這個世界不會，也將不會理解它所面臨的這些問題以及解決這些問題的方法。

——愛因斯坦

佔領

生態災難　　全面危機

危機（crisis）一詞（是從「希臘語的 κρίσις，krisis——決定，轉捩點」而來）指變革點、過渡時期、爆發點等，說明曾經有效的方法由於環境條件變化已變得無效，並且導致危急的情況和問題出現的一種狀態。

換句話說，危機不是指一種崩潰的狀態，而是指一種向全新的狀態的轉捩點。人類的問題是我們看不見這種新的狀態！

——麥可．萊特曼博士

作者序

人類正陷入深層的危機之中，這已經不是一個沒有多少人知道的祕密了。其實，我們很多人都已經感覺到它了。人生的無意義感，頹廢、沮喪和空虛的感覺吞噬著我們的人生。

家庭危機、令人憂心忡忡的教育體系、毒品濫用、個人的不安全感、對核戰爭的恐懼以及生態惡化的威脅，所有這些都給我們的幸福籠罩上一層層的烏雲。我們似乎對人生失去了控制，而且看起來我們不但無法脫離這些問題的泥潭，而且似乎在其中越陷越深。

這個世界到底怎麼了，全世界內的自然災害一個接著一個，洪水氾濫，山體滑坡，土石流，颱風，地震，火山噴發，森林火災，乾旱……除了生態和自然災害頻發之外，糧食危機，貨幣戰爭，就業危機，政府破產，恐怖活動，國家之間的危機，戰爭似乎在瞬間就可能爆發，總之，危機是全球性的，全方位的。

眾所周知，對疾病的正確診斷等於成功治療的一半。因此，為了解決我們面臨的問題，首先需要瞭解它真正的起因。而最可靠的辦法就是從瞭解人類的本性和世界的本質做起。如果我們認清了自身的本性和那些影響著我們的法則，我們將會瞭解我們在哪兒出錯了，知道必須做些什麼才可能擺脫我們面臨的困境。

在觀察圍繞著我們的自然時，我們發現自然界中的非生命層次、植物層次和動物層次的所有創造物都是由其與生俱來的內在的本能驅使著。這些行為不能以好或壞做為標準來衡量；它們只是本能地遵循著根植於其自身的內在的運行法則，同自然以及相互之間和諧共處。

然而，如果觀察人類自身的本質，我們將會發現其與自然的其他一切存在著本質上的差異。人類是唯一能從剝削和利用其他人和其他創造物中，能從征服其他人中獲得快樂的生物。只有人類可以從與眾不同、從與他人脫離及高高在上之中感到樂趣。由此可見，人類是整個宇宙中唯一的不和諧的因素，因此，是人類自己破壞了自然的平衡。

卡巴拉智慧告訴我們，控制我們的這個接受快樂的願望（自我或叫做利己主義）長期以來在我們人類自身內部不斷地進化。它最初的呈現方式只表現為滿足一些簡單的慾望，比如吃飯、生兒育女、體驗家庭生活等。隨後，更高層次的願望——對財富、名譽、權力和知識的渴望等的出現，則推動了人類社會的進化，促使其社會結構——教育、文化、科學和技術——不斷演變。

人類豪情滿懷地前進著，並且相信社會進步和經濟增長將能滿足我們，讓我們在明天生活得更加幸福。但遺憾的是，直到今天我們才開始意識到這種長期的「進化」實際上已經進入到了一個死胡同。

這種情形之所以出現，是因為我們這個接受快樂的願望即使得到滿足，但過不了多長時間，就又會感到不滿足。我們所有人至少有過那麼一次極其渴望得到某種東西，可是一旦我們得到了自己渴求的東西，內心的快樂過不了多久便消失殆盡，內心的空虛又重新出現。

這時候，我們發現自己不得不又開始去追逐新的目標，並希望這個新的目標的實現能夠使我們心滿意足。這個過程既發生在個人的層面上，同時也發生在全人類的群體層面上，表現在社會生活的各方面。

既然數千年來我們已經累積了豐富的經驗，已經清醒地意識到，我們並不知道如何獲得持久的幸福，也不知道如何獲得最基本的內在安全感。這讓我們有些手足無措。種種現象都存在於各種危機的基礎層面，這些現象已變成了一直困擾著我們的幽靈。

此外，長期以來，本性自私的人類以犧牲他人利益來尋求個人為中心的快樂的嗜好日漸加劇。如今，許多人企圖將自己的成功建立在毀滅他人的基礎之上。缺乏寬容、感情疏遠和仇恨已經達到了一個前所未有的可怕的程度，時刻危及著人類這一整個物種的基本生存。

當我們認真觀察自然時，能夠看到所有生物都遵循著利他主義或關愛其他同類的原則。這一原則與驅動人類自私自利地進化的原則截然不同。

為了維持一個生命整體的存在，身體中的所有細胞透過相互給予而團結一致。身體內的每個細胞都只獲得它生存之所需，而將其餘的能量用於呵護和支援軀體的其他部分，以便整個生命機體能夠維持生存。

在自然的每個層面上，個體做為它所在的那個整體的一部分，都在為造福整個機體而工作，並由此才真正發現它的完整性。沒有這種利他的行為，整個機體便無法存活。實際上，生命本身也難以維持。

如今，在深入研究許多不同領域之後，科學正在得出一個結論：全人類其實也是一個整體。但問題在於，我們人類尚未意識到這一點。我們必須警醒和明白，那些給我們的現實生活蒙上陰雲的問題的出現並非偶然；我們不可能再依靠以前所知道的任何「成功」的方法去解決目前面臨的問題。它們不會自行消失，只會日漸惡化，直至我們改變方向並開始依照自然的普遍法則——利他主義的法則來運轉。

我們生活中的每一種消極現象，從最具體的到最普遍的，都源於違反自然規律。如果從很高的地方跳下來並受了傷，我們就會知道自己的做法違反了萬有引力定律。

既然如此，我們現在必須停下來檢視自己，看一看我們在哪兒沒有遵循自然規律。我們必須找到正確的人生道路。這一切都取決於我們的意識：我們越深入地瞭解自然的體系及其內在的規律，遭受的磨難就會越少，而且進步就會越迅速。

在動物層面上，利他主義是生存的法則，動物本能地按照這個法則維繫著其種群的生存。而在人類層面上，我們自己必須主動與自然建立起這種關係。自然將這個使命留給了我們，以便我們能將自己提升到一個嶄新的、更高的生存狀態。這是人和其他生物之間的本質區別之所在。

在這本書中，我們將探討各類危機，分析其真正的根源和解決之道。從我們被創造成自我主義者開始，我們就無法反抗我們的利己主義，因為它是我們的本性。因此，「竅門」在於找到一個變通的方法，能讓我們即便以利己主義為出發點，為自身利益考慮，也要改變對待他人和自然的態度，從而使自己與他人團結起來，成為人類這個統一整體的和諧部分。

自然將人類創造為社會性的生物也絕非偶然。如果我們深入觀察自己的行為，就會發現我們採取的任何一種行動，都是為了讓自己得到社會的認可。這是我們賴以生存的基礎。欠缺社會的認可，更糟糕地，如果反而被社會指責，將會致使我們遭受巨大的痛苦。

感受到羞辱是一個人可能體驗到的最糟糕的事。這就是為什麼我們傾向於遵從社會所崇尚的價值觀。在這種情況下，如果能成功地改變我們所生活的環境的價值觀，並引入利他主義的價值體系，如關心他人、共用和團結，那麼我們就能夠改變對待他人的態度。

如果社會只依照個人為整個社會所做的貢獻，來評判其價值，那麼我們必定都會為社會著想，並為社會進步而不懈努力。如果我們取消因個人優秀而頒發的獎項，只讚賞那些處處為社會著想的人們；如果孩子們依照這些標準來評判他們的父母；如果朋友、親戚、同事都按我們和他人相處得怎樣來檢驗我們，那麼我們都想善待他人，以便我們能夠贏得社會的讚譽。

因此，我們便會逐漸感覺到懷著利他主義或無私來對待他人，本身就是一種獨特的、高尚的價值，而且這種價值觀和行為會直接得到社會的認可。透過這樣去做，我們會發現，這種態度實際上就是完美無缺和無限快樂和滿足的源泉。

縱然在今天的社會中利己主義依然大行其道，但我們已經為開始去遵循利他主義的自然規律做了相當多的準備。教育和文化一直都建立在利他主義的原則上。在家庭和學校，我們都教育孩子要做富有同情心的善良友好之人。我們想讓自己的孩子善待他人，而且我們覺得這種對他人的態度是正確的行為方式，並且社會也保護這種行為。幾乎沒有人會宣稱自己反對這些價值觀。

此外，多虧通訊進步，今天我們能夠非常迅速地在世界各地傳播新的資訊和社會價值。這是一個至關重要的因素，它有助於我們充分意識到人類正面臨不斷加劇的危機，迫切需要找到全面解決危機的方法。

儘管當前人類面臨的問題可能促使我們不得不去做出變革，但它的影響遠不只這些。假如我們能夠樹立一種對待社會的正確態度，我們就會漸漸地被引導到一種全新的存在狀態，步入一個全新的發展階段，而它高於我們以前所瞭解的任何事物。

這是一種更高的存在形式，它是崇高的，是一種感知到我們本身與自然和諧統一的存在方式，是一種統一與完美的感覺。

今天，在經歷了無數代的進化之後，我們已累積了足夠的經驗，開始瞭解自然的進化法則正在將我們帶向何處。

實際上，這些現象的加劇並沒有讓我們大驚失色，因為我們對此早已習以為常了。在過去，它們被視為誤入歧途，而如今我們對其已見怪不怪。由於我們缺乏應對這些困境的工具，因此不得不接受它們的存在，以避免它們所導致的痛苦。

這就是已經在我們內部發展起來的一種本能的保護機制，但這並不意味著我們無法扭轉這種被動的局面，讓事情朝著更好的方向發展。讓我們來看一看這一危機到底在告訴我們什麼，藉助什麼我們能夠走出危機與混沌，步入完美與和諧。

編譯者序

人生的 GPS

我為什麼不幸福？

人生為什麼這麼痛苦？

為什麼我永遠得不到滿足？

生命的意義到底是什麼？

為什麼發生這麼多的自然災害？

為什麼到處都是危機？

人類的未來在哪裡？

你問過或正在問這些苦澀的問題嗎？你對解答這些苦澀的問題有興趣嗎？

有一篇被稱作「死亡之海」的沙漠的精彩故事。

「許多穿越塔克拉瑪幹沙漠的勇士常常迷路，而且不管這些勇士多麼勇敢，多麼聰明，沒有一個人靠自己的力量成功地穿越這個沙漠，他們都因迷路而喪生其中。他們之所以失敗而無法穿越這個沙漠，是因為在沙漠中弄不清三個基本問題：

1. 我在哪裡？

2. 我要去的地方在哪裡？

3. 如何去到哪裡？

搞不清楚這三個問題，結果就是死亡，死亡就是結局或終點。」

讓我們來分析一下以上三個問題，看看三個問題的相對重要性和它們之間的關係；當然，以上三個問題任何一個不清楚的話，都會導致走不出沙漠。

但仔細分析一下，那些勇士之所以失敗，根本原因是因為在沙漠中迷失了方向，那麼，是什麼在決定方向呢？是第二個問題，你要去哪裡？只有清楚地知道目的地在哪裡，而且在探險的全部過程都以目的地做為你行動的方向指引，你才能成功。

否則，在任何時候，迷失了目標就迷失了方向，結果只會是死亡；而且，當我們弄清楚了第二個問題，第一個問題也就馬上清楚了，第一個問題是相對於第二個問題而變得清楚的，因為第一個問題就是你現在的位置加上下一步行動（第三個問題）的方向。

所以，所有的關鍵都在第二個問題，也就是目的地是否清楚的問題，也就是決定你行動的方向的問題。

如果將我們的人生比喻為在一個沙漠中探險的經歷的話，那麼，導致人類在歷史上以及在今天面對的危機和災難重重的原因，恰恰就是因為沒有解決好第二個問題——我們要去的目的地在哪裡？也就是沒有弄清楚有關生命意義和生命存在的目的這個問題。

人類真正面臨的威脅，或者人類目前深陷的險境，實際上不是來自於沒有目標，而是來自於對各種自以為真實卻不真實的錯誤目標的追尋，也就是我們將要去的目的地設定錯了。

實際上，人類面臨的最大的敵人是無知；而最大的無知是不知道自己不知道什麼，反而自以為自己已經知道。

在此我想借用美國前總統約翰甘迺迪的一段精彩語錄，更清楚地對此加以表達，他說：「真相最大的敵人不是惡意謀劃，也不是不誠實的謊言，而是那些人們一直相信，看似正確卻不真實的神話。」正是這些神話給了我們假的目標。使我們深陷其中而不自知。

實際上，正是這種更可怕的以為自己知道的無知或假知，把我們引領到了目前所處的全面危機和毀滅的絕境。那麼，到底是什麼導致了這種無知呢？我們怎麼才能檢驗呢？

當然，人類從來沒有停止過對生命意義的探討；人類的歷史實際上就是在有意識或無意識地對生命意義的問題的探索的歷史。這些探索和思考的結果，導致了各類宗教、哲學、科學以及各種思想的產生，並由此指引著人類嘗試了或正在嘗試各種主義和社會制度。應該說，人類每一次變革，都是懷著各種美好的憧憬和夢想，進行著各種各樣的嘗試；但是由於我們始終沒有能真正解答生命意義和生命存在的目的這個問題，我們的那些美好夢想都沒有真正實現，人類在物質上的成功，帶來的是越來越大的心理危機和精神困惑。

回到將我們的人生比作在沙漠中探險的那個比喻，如果和想穿越沙漠的那些勇士相比，人類在整體上，其實還沒有達到沙漠中那些勇士所處的階段，至少那些勇士們已經真真切切地知道他們正身處在一個危險的死亡沙漠中，而且，也知道在沙漠之外，一定有生命的綠洲在等待著他們；他們知道如果不想辦法走出去的話，死亡是必然的結局；所以，雖然他們由於缺乏方向幾乎沒有人能成功走出沙漠，但他們至少知道要千方百計走出沙漠去尋找那位於沙漠邊界之外的綠洲。

而我們人類卻要不是根本不去思考生命意義；要不就是因為曾經思考過，但思考不清楚而乾脆將之放置一邊；或者是更可怕的一種情況，也就是在自認為已經找到了終極目標，並且以它做為指引，但可惜目標是錯的，是想像出來的神話；但不管哪種情況，人類的絕大多數從來沒有挑戰過死亡，更是連做夢都不敢想像在死亡的邊界之外有著一個生命的綠洲，我們都是自然地以死亡做為人生的終點，心安理得地死在了人生的沙漠當中。

這一切都導致人類對生命和死亡的認知，基本上是認為生命沒有什麼意義，死亡就是人生必然的不容置疑的邊界，至少在這個世界上是如此；即使是那些認為生命有意義的人們，也只是相信「來生」，在另外一個世界的另一種虛無的遙不可及的存在，與我們在這個世界的生與死之間的存在無關。這正是這個世界所有人曾經或現在絕大多數人所處的一種認知狀態。

那麼，如何判定我們的認知是否正確呢？很簡單，歷史上出現過以及現在面臨的各種危機，恰恰就是在說明我們正沿著錯誤的道路在前進。因而，危機和災難的出現絕不是偶然的，它具有雙重意義：一方面，它在警告我們走錯方向了；另一方面，它使我們痛苦，而痛苦才會引發我們思考。這一切正是我們人類目前面臨的危機正在發生和將要更劇烈地爆發的原因。危機和災難正在警示人類，我們走錯路了，該停下來反思一下了。

但阻止我們去認識這些的不是別人，正是我們人類自己，是奴役著我們的利己主義。我們人類就像是溫水中的青蛙，儘管死亡正在迫近，我們卻不自知，甚至拒絕反思。因為我們的自我總是不讓我們承認是我們自己的利己主義設定的這些錯誤目標、將我們引領到了這種危機的地步。我們曾經相信上帝或者說神聖的力量，但上帝好像從來沒有回應過我們「真誠」的祈禱，世界沒有變得更好；我們也曾經不再相信上帝，開始崇尚科學和理性，科學技術突飛猛進，物質文明發展日新月異，但世界也沒有因此變得更好，並沒有帶給人類所嚮往的美好生活。

自文藝復興到工業革命再到21世紀的今天，不可否認，人類在各方面都取得了驚人的成就，科學和經濟都發展到了空前的高度；但是，人類在這個世界追求的所有崇高的目標都沒有真正實現，所追尋的真正的幸福生活也始終沒有追尋到，而且好像離我們越來越遠，不僅如此，全面的危機和毀滅卻好像離我們越來越近。

大部分的人類已經喪失了對生命意義和生命存在的目的這個問題探尋的興趣，或者已經忘記或者過於忙著追求各種「成功」而無暇過問這個最重要的問題，或者根本不知道要問或者從來沒有問過這個問題。絕大部分人已經認命，因為問也沒有用。這個問題太苦澀，沒有人能夠回答清楚，管他呢，活在當下，活好今生每一天，今朝有酒今朝醉，天塌下來有大個子頂著……等等的觀念，已成了絕大部分人的人生座右銘。這一切都直接導致了追求這個世界物質上的成功，自然成為絕大多數人唯一的人生目標，那些我們熟悉的狂熱的物質主義、拜金主義、功利主義，以及對自然的毀滅性掠奪都由此產生。所以，不搞清楚或者忽略方向問題，危機不發生反而會不正常。

儘管我們可以將腦袋埋在沙子裡，以為這樣就可以迴避那個苦澀的問題。但是，就是存在著某種力量，它就是不讓我們有片刻的安寧。它在根據我們向錯誤方向發展的程度，相應地懲罰著人類。它在用各種各樣的，在我們看來越來越大的危機，越來越頻繁的災難，不停地敲打著人類，影響著我們生活的各方面，使我們無論如何都無法平靜下來。直到我們開始絕望而不得不停下來反思，去尋找去探尋新的道路，這就是正在發生著的情況。

而這一切的發生就是要告訴我們正走在一條通向死亡的道路上，直到我們覺醒去尋找那個力量希望我們走的道路，到達它創造我們的目的地。這正是所有危機和災難發生的真正的原因。這就是危機和災難的積極意義，它就是要讓我們從沉睡當中覺醒過來，告訴我們正處在一個死亡的沙漠中，叫我們趕快衝破死亡的邊界去尋找生命的綠洲。它在試圖告訴我們，生命有著超出我們想像的意義，這個宏偉的宇宙背後存在著一個偉大的創造的思想，而我們人類就是這一切創造的中心。

人類現在正處在一個十分尷尬的境地，我們就好像處在一座四周都是懸崖峭壁的山尖上，往前走，無路；往後走，無路；往左走，無路；往右走，無路；上不去，也下不去，身處絕境，路在何方？再回到剛才那個沙漠的故事，雖然，所有的勇士都沒能走出那個沙漠，但在20世紀末的時候，一個德國婦女卻成功地走出了那個幾千年來都是以死亡為終點的沙漠，你知道，為什麼她可以嗎？你猜對了！因為在那時，人類已經發明了全球定位系統（GPS），所以，人們可以藉助GPS成功地走出沙漠。因為GPS可以很簡單地解決以上導致人們死亡的三個問題，目標和方向問題。

人們可以藉助GPS很輕鬆地走出死亡的沙漠，那麼，能夠指引我們走出人生這個死亡沙漠的GPS存在嗎？如果存在，那麼，這個GPS是什麼呢？答案是肯定的。這個GPS不僅存在，而且，它一直在耐心並急切地等待著人類，直到人類需要的那一天的到來，而且為此隱藏了幾千年。它不僅能夠回答你有關生命意義和創造目的的問題，它更可以將你引領到一個，你曾經連做夢，都夢想不到的地方，一個超越死亡邊界的存在，而且就在今生今世！但是，這一切有一個條件，就是你必須覺醒至自己渴望去得到它，而且你必須自己做出你人生之中這個你唯一擁有的自由選擇。

這個人生的GPS就是卡巴拉智慧，萊特曼博士的這本著作將引領我們開始瞭解並找到這個GPS。卡巴拉智慧將引領我們穿越那個量子物理學家們看到但卻不能穿越的邊界。

想知道這個GPS是什麼嗎？我想當你拿起這本著作，讀到這裡的時候，你正在接近一個寶藏，那個能幫助你走出人生這個死亡沙漠，進入生命綠洲的GPS，就握在你的手中。但是，很可能你會錯過這個機會，因為你出生時就遺傳下來的天性，以及你在後天所接受過的所有教育包括社會環境對你的影響，已經使你形成了一種「正確」的人生觀念，使你從天性上對新的觀念排斥或拒絕。所以，在此我能表達的最衷心的祝願和忠告就是：

1. 在任何情況下，請你務必敞開你的心扉，就像卡巴拉的巔峰著作《光輝之書》所說：「將你的心向我敞開一點點，我將為你敞開整個世界。」不要拒絕它，更不要用任何你認為「正確」的知識或信仰，包括所有從宗教、哲學、科學中接受到的所謂「正確」的觀念，給卡巴拉貼上偽科學或者某種錯誤的標籤把這個智慧扼殺，錯失這個人生唯一的GPS。因為你的第一反應一定是：不可能！不對！我不相信……等等。

2. 剛開始讀不懂沒關係，因為世界上古往今來，幾乎沒有一個人能夠馬上讀懂它，瞭解它，因為它是一個智慧的海洋，一個隱藏在幾千扇門後的，並且隱藏了幾千年的智慧，需要你發自內心最深處的渴望才能窺探到它的真面目；而且，這個智慧不同於其他任何知識體系，不是靠你的頭腦去讀，而是靠你的心去感悟的；如果你在探尋過程中，感覺到了哪怕只是一丁點的光亮。請你堅持下去，你一定會找到你生命中最寶貴的東西。因為它就是你人生的GPS，是黑暗中的指路明燈。透過它你可以知道你是誰？你要去到哪裡？如何到達，並解答你所有前面提到的那些問題，因為它就是有關你自己的科學，有關生命意義和生命存在的目的的科學。

在此，我們要衷心感謝歷代偉大的卡巴拉學家們；感謝我的老師，當代偉大的卡巴拉學家，科學家麥可・萊特曼博士，是他將這一已存在五千多年的古老而又嶄新的，屬於全人類的卡巴拉智慧，從幾千年的隱藏狀態，在我們需要它的時候揭示給全人類。

卡巴拉在我人生最艱難，生命最黑暗的時候，成為了我人生的GPS，照亮了我人生前進的道路，幫助我走出了我人生最黑暗的那一段，拯救了我的生命、家庭和事業。我想卡巴拉也同樣可為你的人生指引道路。

感謝Bnei Baruch國際卡巴拉研究中心和全世界各地的學員們，是他們無私的奉獻精神和強烈的渴望激勵了我，使這個唯一能夠拯救全人類，將我們從危機帶向永恆和完美的智慧能夠來到這一片土地上；使這一屬於全人類的智慧財富也能夠為勤勞有智慧的台灣人民所分享，祝願這一偉大的智慧能夠在生機勃勃的台灣開花結果。

目錄

第一部　從混沌到和諧

1. 願望就是一切

2. 快樂的界限

3. 利他主義是生命的法則

4. 破壞平衡

5. 遵循自然規律

第二部　以色列的角色與使命

第一部

從混沌到和諧

1 願望就是一切

一個原因，一個解決方案

正如我們在前言中所述，在我們中的許多人已經感到無論在全球層面上，還是在個人層面上，人類都在陷入一場危機。事實上，這場危機涵蓋了自然的全部：非生命層面、植物層面、動物層面以及人類社會層面。因此，要想應對這場危機，只關注某些具體的領域是不夠的；我們需要找出所有問題的根源究竟在哪兒，並且去認真糾正它們。

本書的這一部分將告訴我們，在所有的這些消極現象的背後都有著一個單一的起因。當我們瞭解那個起因時，就能夠找出一種單一的全面的解決方案。

我們將從對人性及世界的本質的認識開始做起。如果我們能夠更透澈地理解它們，掌握它們的運行法則和各方面，我們將會明白自己到底在哪兒出錯了。因此，我們便可以首先擺脫我們在生活中面臨的危機和困境，進而走向更加光明的未來。

透過對各種的物質進行研究，我們發現萬事萬物的首要願望就是維持其自身的存在。然而，這一點在不同的物質中表現為不同的形式。固體形態的物質具有一個固定的、受限的形狀，這使得它們的「疆界」難以被穿越；而其他的存在形式則透過移動與變化維護著其自身的存在。既然如此，我們必須問我們自己這樣的問題：到底是什麼讓每一種物質以一種特定的方式得以顯現，而且能和其他的物質相區別的呢？究竟是什麼在掌控每種事物的行為，使得它們呈現出我們看到或觀測到的那些存在形式呢？

物質的行為變現模式有些類似一個電腦螢幕上的畫面的呈現模式。我們可能會對螢幕上呈現的畫面印象深刻，但一位電腦專業人士卻會將這個同樣的畫面，做為是一種圖元與色彩的組合來看待。這位技術人員只關心那些創造並生成了這幅畫面的各種因素。懂得電腦的人們都理解，電腦螢幕上的畫面只不過是這些因素（圖元和色彩）的某種特定組合在螢幕表面上的外觀呈現而已。他們知道為了調出更清晰、明亮、逼真的畫面，需要在哪種因素上面下更多工夫，而這就是他們關注的焦點。

同樣，現實中存在的所有事物及體系，包括我們人類和人類社會，也都以相同的方式，反映了它們各自獨特的、內在的力量的組合方式。為了應對任何出現的特定問題，我們必須首先懂得物質在其各個存在層面上表現出的物質——行為法則。而要做到這一點，我們必須深入瞭解那些在「螢幕後面」設計並塑造了物質的固有力量是什麼。

存在於每種物質和事物內的固有力量可以總體上被稱為「存在的願望」。這種力量設計了物質的形態，決定了它的品格及行為。

「存在的願望」做為這個世界上萬事萬物的根基，有著無限的形式與組合。物質存在的層次越高，表現出的「存在的願望」也越強烈。而且在不同層面——靜止層面、植物層面、動物層面及說話（人類）層面——的物質中存在著不同的願望，在各自的物質存在內部形成了獨特的演變發展過程。

這種「存在的願望」遵循兩個原則：第一，保持它的現有形狀，意味著繼續存在下去；第二，給其自身補充它所感知到的為了維持其生存所需要的任何東西。不同層面物質之間的區別就表現在這種給其自身增添某種東西的願望之中。

讓我們更加細緻地探討這一點。在靜止的物質層面上，這種「存在的願望」表現的最小。這是因為靜止的物質渴求甚少，它不需要為了其自身的存在而給自己增添任何外在的事物。它唯一的願望就是保持其現在的形狀、結構及品質。此外，它拒絕任何外來的東西。因為它唯一的願望就是不變化，所以它被冠以「靜止」的稱謂。

在植物層面上，這種「存在的願望」表現出一種更強的願望。植物層面的存在願望與靜止層面的存在願望的根本差別，表現在植物層面的願望是變化的，而靜止層面的願望是不變化的。植物不會像那些非生命的靜止物質那樣「安於」維持它的現狀，而是要經歷特定的變化過程。

因此，植物層面的存在對待環境的態度是活躍的。例如，植物嚮往陽光方向移動，並且將它們的根伸展到潮濕的土壤當中。植物的生存依賴於環境——太陽、雨水、溫度、濕度和乾旱等等。植物從環境中獲得它維持生存的必需品，對它們進行分解，並從中合成出它所需要的所有東西。隨後，植物分泌出對其生長有害的物質，並生長。由此可見，植物形式的存在要比非生命的靜止物質的存在更依賴它所賴以生存的環境。

植物有它自己的生命週期——植物的生死枯榮過程。儘管如此，同一種類的植物都依照同樣的規則生長、開花和枯萎。換句話說，某一特定種類的所有植物都以同樣的方式運作，植物種類中的特定元素沒有其自身的獨特性——奇異性（Singalarity）。

物種的生存的願望越強烈，它就越依賴於環境及其對環境的敏感度就越高。這種聯繫在動物層面變得更為清晰，因為動物的生存願望要比植物的生存願望更加強烈。

就絕大部分動物而言，動物都是以群居方式生存在一起。動物非常善於遷徙，而且為了尋找食物和合適的生存條件，必須不斷地四處遊走。動物要不是吃其他動物，就是吃其他植物，並將其看作為維持其自身生存的能量來源。

動物層面開始顯現出一定程度的個性發展，而這促進了個體的情感和情緒的出現，從而讓每一個動物都具備其獨特的特點。每一個動物都在其自身的層面上，感覺著圍繞著它的環境，這使得它能夠靠近對它有利的環境，而遠離對它有害的環境。

動物的生命週期也是個體性的。每一個動物都按其自然壽命的長短，走完從出生到死亡的歷程。而這與植物不同，植物的生命週期是由一年中的季節來決定的。

生存願望表現得最強烈的，非人類層面莫屬。人是這個世界上唯一完全依賴於他人的生物，而且只有人能夠感覺到過去、現在和未來。人類影響著環境，而環境也影響著他們。因此，人類帶來永不停止的變化，而這不只是因為我們對現狀感到滿意或不滿意，而是因為我們對他人的感知造成的，這種感知導致當我們看到別人擁有什麼時，我們也想擁有別人擁有的所有東西。

此外，我們想比別人擁有得更多，或者想擁有別人所沒有的，並藉此改善自己相對於他人的狀態，從中得到自我滿足的感受。這就是為什麼人類的生存的願望會被稱為「自我」、「享樂的願望」或「接受快樂和愉悅的願望」等等的原因，卡巴拉學家將它簡單地稱作「接受的願望」。

卡巴拉學家耶胡達・阿斯拉格在談到這個時說道：

「接受的願望，自始至終都是創造的全部實質。因此，所有那些數不勝數的萬物，它們所引發的各種各樣的事情，它們已經表現出來和即將表現出來的方式，都只不過是這個『接受的願望』的強度值的變化和度量而已。」

——卡巴拉學家耶胡達・阿斯拉格

與動物相比，人類並不僅僅只是比動物進化的稍微多一點而已；

人類與動物存在著根本上的不同。在出生時，人就是一個嬰兒，與人類不同，一個年幼動物的成長與一個人類嬰兒的成長是迥然不同的。我們的先哲這樣說：「只出生了一天的小牛就可以被稱為一頭牛了。」這就意味著一隻小牛在剛剛出生時就可被看成是一頭牛，因為在牠以後不斷成長的過程中，牠也幾乎沒有隨著長大增添任何實質性的品格。

然而，與其他一切生物不同，人類則需要多年的進化。當一個嬰兒呱呱墜地，他幾乎不渴望任何東西。可是隨著他日漸長大，他的接受的願望不斷增強，演變迅猛。當一種新的願望浮現時，便會產生新的需求，而這則會使人感到被迫使著去滿足這些新的需求。為了成功地去滿足這些新的願望，我們的大腦開始進化，那是因為我們開始考慮如何才能滿足新的願望。由此可見，大腦的智力與概念思維的進化，是我們這個享樂的願望不斷強化的結果。

我們能夠透過觀察我們如何撫養我們的孩子，來瞭解這一原理如何發揮作用。為了幫助孩子們成長，我們為他們設計了各種頗有挑戰性的遊戲，孩子們那種想在遊戲中獲得成功的渴望，促使他們透過不斷地想出新的應對問題的辦法，而這促進了他們的進步。我們不時地會讓遊戲變得更具挑戰性，以幫助他們不斷進化並提高，繼續取得進步。因此，除非一個人感覺到缺失某種東西，否則，一個人永遠也不會進化。只有當我們渴望某種事物時，我們才開始開動我們的腦筋，並且認真思考如何去實現自己的渴望。

然而，一個嬰兒則在其出生時是毫無力量並且完全需要他人的幫助不能自立的生物。然而，隨著我們長大，我們便超越了其他一切創造物。一頭剛剛生下的小牛犢與一頭成熟的公牛之間的主要區別只在牠們體型的大小上，而不在牠們的智力上；但是過了多年之後，這個嬰兒會漸漸長大並進化為成人，情況就大不一樣了。

人類既有理智又有情感，這一事實增強了我們人類的接受的願望，因為理智（思維）和情感（心靈）是相輔相成的，提升了我們感知那些可帶來快樂的事物的能力。

出於這種原因，我們的意志力不受時間和空間的限制。例如，我們雖然無法感覺 1000 年前發生的事情，但我們的確能夠瞭解（而且確實能瞭解）過去的事情，這彌補了我們無法感覺它們的欠缺。這樣，我們可藉助我們的理智將我們帶到任何我們想體驗的事情上，並能實際地去經驗。因此，我們可以插上思想的翅膀，讓自己真正地體驗過去。

反之亦然，如果我們感覺到某種事物，並想檢驗一下它可能會怎樣（積極地或消極地）影響我們，我們就可以靠著自己的理智去分析局勢，並將分析結果運用到我們對事物的感知中。這樣，理智和情感便拓寬了我們對時間與空間的感知，直至我們變得無限。

因此，一個生活在某個時代或地點的人可能想扮演他或她曾聽説過的某個人，即便他或她和想扮演的那個對象之間存在著巨大的時間差別或空間距離，這就是為什麼人們有時想變成像歷史上的某些人物那樣。

當我們這個接受的願望被滿足時，我們就將它體驗為快樂；當我們無法滿足自己的願望時，我們則會感到空虛、沮喪，甚至開始陷入痛苦。這樣，我們的幸福取決於我們的願望能否得到滿足。我們所採取的任何行動——從最簡單的行為到最複雜的行動，都只不過而且只是為了達到一個目的——增強快樂或減輕痛苦。實際上，它們是同一枚硬幣的兩面。

卡巴拉學家耶胡達·阿斯拉格在他的文章《和平》一文中寫道：

「研究自然的人都非常清楚，一個人如果缺乏動機，也就是說如果一個行動不涉及任何自身獲益的話，一個人恐怕連最微小的行動都不會去做。比如，當一個人將本來放在椅子上的手移動到桌子上面，那是因為他認為透過將自己的手移動到桌子上，他能獲得更大的快樂（感覺更舒服）。如果不是這麼認為的話，一個人就會在自己的餘生當中都會將手一直放在那個椅子上，連一寸都不會移動；那些需要更大努力的行動也是出於同樣的原理。」

——卡巴拉學家耶胡達·阿斯拉格《和平》。

與自然界的其他萬事萬物相比，人類的獨特性並不只是表現在他的願望的強度與特點上；也表現在人的願望不斷地在增強和變化上，這不僅表現在一個人的一生當中，也表現在一代又一代人的接續當中。那麼，人類隨著進化而發生的變化究竟是什麼？這種變化

是否有一個終點？變化的目的又是什麼呢？

當我們檢驗其他物種的進化史，比如靈長目動物，我們會發現幾千年前的靈長目動物，實際上和今天的靈長目動物完全一模一樣。儘管靈長目動物也像自然界的其他任何元素一樣，也在發生著變化，但這些變化只是生物層面的變化，就像發生在礦物上的地質變化一樣。然而，人類卻隨著漫長的時間，不斷進化並發生了巨大的變化。

人類追求快樂的願望的進化

這種追求快樂的願望的進化，使得人類感覺到一種去發展、去發明以及去發現新事物的不斷需求。願望越強烈，就意味著需求越大，而這可不斷提升人類的智力水準，並且讓人的感知能力更加敏銳。這個接受的願望的進化發展，以下列方式促進了人類的進化：

首先，這個追求快樂的願望表現在滿足身體（生理）的願望中，比如對食物、養育後代和建設家庭的慾望。這些願望自有人類以來便已存在。

然而，由於人類屬於一種社會性動物，因此另外一些願望也在我們自身內得到演化，這些願望被稱為「人性的願望」或「社會性的願望」，比如，人類獲取財富、榮譽、權勢及聲名的願望。這些願望改變了人類的外觀，導致了社會階級的產生，以及層級社會體制的形成，並促使社會經濟結構發生變化。

隨後，人類產生了對知識的渴求。這種求知欲表現在科學、教育體制和文化的進步。人類對知識的渴求最早可以追溯到文藝復興時期，它貫穿了工業與科學革命，並一直延續到今天。

啟蒙運動（18 世紀歐洲以推崇「理性」，懷疑教會權威和封建制度為特點的文化思想運動）和社會的世俗化（尤指在道德倫理上反對宗教的一種主義）的興起，是人類求知慾望進一步增強的表現。這種願望需要人類全面瞭解他周圍的現實。因此，人類需要尋求越來越多的資訊，而且想要去研究並支配所有事物。

如果我們瞭解到這些願望導致了人類在其進化過程中的所有過程的話，我們以這種視角觀察人類在文化、教育、科學、技術領域的進步時，就會得出這樣一個結論：這些不斷演化的願望，同時也創造了所有我們的觀念、發明與革新。

所有那些觀念，發明等都只不過是為了滿足這些願望所製造出來的需求的「技術」工具、「僕人」而已。

這個願望進化的過程，不但發生在從古到今的整個人類身上，而且也發生在我們每個人的個人生命當中。這些願望以各種各樣的組合一個接一個地出現在我們的內心當中，指引著我們的人生進程。

實際上，推動我們前進以及引發人類社會進步的那部內在發動機，正是我們的這個追求快樂的願望。我們的這個願望的進化永不停息，也正是它設計著我們的現在和未來。

2 快樂的界限

「這個世界上只有兩種悲劇：一種就是沒有得到自己想得到的，另一種就是得到了自己想得到的。而後者情況更糟糕；後者才是一種真正的悲劇！」

——奧斯卡·王爾德

如果我們檢驗我們從獲取知識、支配他人、榮譽、財富中所獲得的快樂，或者檢驗我們從食物、性中所獲得的快樂，那麼就會發現似乎在所有這些情況中，最大的快樂感只是在願望與其被滿足的那個短暫的接觸瞬間才被體驗到；而從願望被滿足的那一刻起，我們的快樂感也漸漸在消退，直至徹底消失。

從滿足一種願望中獲得的快樂感可能會持續幾分鐘、幾小時或幾天，但它的確會消退，直至消失的無影無蹤。即便我們花上好幾年時間，費盡心機去獲得某種東西，比如高檔的別墅，名貴的汽車或遊艇，可是一旦我們擁有了它，我們就喪失了快樂的感覺。顯然，使願望得到滿足的是快樂，而結束快樂的也是快樂本身。

此外，當快樂滲透在願望當中而隨後又消退時，它會在我們內部製造出一種比原來的願望強烈兩倍的追求快樂的願望。讓我們今天感到心滿意足的東西，明天就有可能不再讓我們滿足。我們的需求變得越來越大。因此，我們的願望的不斷的滿足，使我們的願望不快樂的界限不斷得到增強，並迫使我們付出更大的努力，以使這些更大的願望獲得滿足。

當我們獲取某些東西的願望消退時，我們對生命的感覺及我們的生命活力都會消退。這就是人類社會不斷地為它的每一個成員提供新的願望的方式，儘管這些願望只是在稍縱即逝的瞬間重新使我們充滿活力。

然而，我們一次又一次地只感到片刻的快樂，隨後這個快樂感再次失去，變得越來越迷惑和沮喪。

今天的社會在迫使我們去獲取越來越多的東西，甚至在我們沒有錢的情況下，還迫使我們幾乎什麼都去購買。攻勢凌厲的行銷活動、達到社會標準的需要，以及可以輕而易舉地去賒欠，導致我們去購買遠遠超出自己收入水準的東西。

然而，一旦我們買到了某種新的東西，那種擁有這個新東西所帶來的快樂感很快就會煙消雲散，彷彿從未有過這種快樂，而由此背負的欠款卻需要我們數年去償還。在這些情形中，這些購買活動所帶來的失落感在很長一段時間不但不會被忘卻，而只會被累積加重。財富也不能帶來幸福。

榮獲 2002 年諾貝爾經濟學獎的心理學家丹尼爾·卡赫曼教授所進行的一項新的研究表明，「普通人」對諸如財富及身體狀況之類的因素對人的心情產生的影響所做的評估，同依照該研究中所定的測試標準測定出來的實際影響之間，存在著巨大差異。該研究測試了人們日常的心情，並且發現富人和窮人之間沒有明顯的差異。

然而，消極的心情（憤怒以及敵意）卻更頻繁地出現在富人中間，財富與平日的幸福這兩者之間之所以沒有很強的聯繫，其中的一個解釋就是因為我們很快就對舒適感到適應，並對我們新的生活水準習以為常，並且立刻便渴望得到更多。

我們可以用卡巴拉學家耶胡達·阿斯拉格下面這段話，來對這個享樂的願望的界限做出以下概括：

「這個世界被創造成一種對好的和豐富的需求以及這種需求被滿足之後豐富的消失所帶來的空虛的迴圈。而為了獲得某種東西，變化就成為必須；然而，眾所周知，過多地變動會給人們帶來勞作的痛苦……可話說回來，讓人一直什麼都不擁有或一點點好的感覺都沒有卻是不可能的……因此，為了獲得我們渴望的某種東西，我們甘願選擇忍受變動所帶來的痛苦與煩惱。但由於他們所擁有的一切都只是為了他們自己本身的目的，而且人的欲望總是欲壑難填，得寸進尺，總是‘有了100就想要200’，這就使得人們在最終離開這個人世時，只有一半的願望握在自己手中。就這樣，最終人類要遭受來自兩方面的雙重折磨：一方面是由於過度變動導致的勞作帶來的痛苦的增加，另一方面則來自沒能擁有能夠滿足他們自己的另一半心願的東西所帶來的遺憾。」

——卡巴拉學家耶胡達·阿斯拉格

就這樣，這個享樂的願望將我們置於一種顯然進退兩難的尷尬境地。一方面，我們的願望不斷地在增長著；而另一方面，對願望的滿足又讓我們費盡心機，卻在歷經千辛萬苦之後只帶來短暫的滿足，而這又將我們置於一種兩倍於前的空虛之中。

對追求快樂的願望（欲望）的愚弄

隨著時間的流逝，人類想出了各種各樣的辦法，來應對其在滿足這個追求快樂的願望方面的無能為力的狀況。就絕大部分而言，這些辦法是建立在下面這兩大原理基礎之上，而它們實際上都只不過是在「愚弄」這個追求快樂的願望：

1. 獲得滿足的習慣；

2. 削弱甚至消滅追求快樂的願望（欲望）。

第一個原理依賴於環境的影響，通過社會價值觀環境使人們養成某些習慣而達成。首先，人們在孩童時代就被教育：某種特定的行為會帶來好的回報。一旦一個人按照某種特定的要求去做了，作為回報，他就會得到老師和社會環境的認同和讚賞。隨著孩子的成長，雖然這種回報漸漸停止了，但那時這種做法已經被作為一種回報「登記」在了成人的頭腦當中。

一個人一旦已經變得習慣於做出某種行為表現時，這個實際的行為表現本身便能給他帶來滿足。因而，人們會變得會非常注重那個行為的細節，並在改善它時，會感到很大的滿足感。此外，這種慣用的作法還經常伴隨以未來甚至來世可以獲得的回報等承諾。

第二個原理則建立在削弱這個追求快樂的願望的基礎之上。畢竟，與根本不渴望相比較，渴望卻無法擁有這種狀態則顯得更加悲慘。前者，想而無果會讓人感到痛苦，而後者，根本不想卻能讓人「滿足於」當下擁有的一切。東方的教義將這些方法用到了極致，而且發展出了各種各樣的減低這個追求快樂的願望的強度的方法。他們採用心理活動和身體訓練等方法來做到這一點，從而減輕人們的痛苦的強度。

只要我們還一心只想著追逐下一個能夠帶來快樂的目標，我們就會按照日常的生活慣例繼續生活下去，而且總是懷著能夠獲得一種最好結果的希望。儘管我們會因為未能得到內心想要得到的東西而感到不滿，但這種對所渴望的快樂的追逐過程本身，就會充當著一種對那個願望的真正滿足的替代品。這種追逐本身之所以讓我們感覺充滿活力，是因為我們發覺我們自己在不停地追逐著新的目標和不斷產生著新的願望，希望通過實現它們來獲得內心的滿足，或者至少通過努力去獲取它們的這個過程來讓自己感到滿足。

至今為止，我們似乎在聰明地利用著這些方法。但是，隨著這個追求快樂的願望不斷地增強，這些曾經有效的方法就變得越來越不靈驗了。人類日益滋長的利己主義不再允許我們讓自己接受這些虛假的解決方案，或者使我們安靜下來的做法，這種現象，從個人到整個人類的層面，已經在人類生活的每個領域都已變得越來越明顯。

家庭觀念的淡漠，就是這樣一個能反映出這種自我在不斷增長的例子。總體上的家庭關係，尤其是丈夫與妻子的關係，是最先受到這個日益滋長的自我的衝擊的領域，因為我們的配偶通常都是我們最親密、離我們最近的人。而那個正在日漸膨脹的自我，卻使我們很難做到讓自己屬於對方，屬於我們的家庭。

在以前，家庭總是一個避風港，一個躲避外界紛擾的安全之島。當世界上發生問題時，我們走出家門，勇敢地參與到鬥爭中去。如果我們和鄰里關係發生了摩擦，我們總可以搬到另外一個地方去居住。但不論怎樣，家庭永遠都是一個安全的港灣。即使我們內心不再留戀自己的家庭，我們也不會隨意離開它，因為還有孩子需要我們呵護，或者因為有老人需要我們照料。可到了今天，我們的自我已膨脹到如此的高度，以至於我們會不顧及任何後果。離婚率越來越高，單親家庭越來越多，許多做父母的根本不再考慮自己的行為會給自己的孩子造成多大的傷害。在過去我們都不知道會有養老院之類的機構，但近來養老院的數量卻在不斷攀升，這也是家庭正在解體的另一佐證。

自我的膨脹也帶來了全球效應。其後果十分深遠，並將我們置於一種前所未有的危機境地：一方面，全球化向我們展示我們彼此

之間在經濟、文化、科學、教育及其他每一個領域的相互聯繫是多麼地緊密。另一方面，我們的自我卻使我們發展到了一種相互無法容忍的地步。

實際上，我們一直就是一個單一的統一系統的一部分。然而直到今天，我們絕大多數人仍未意識到這一點。自然以兩種力量協同行動的方式來揭示這一真實的狀態：一種是將我們聯繫在一起作為一個單一的統一體的力量，它將我們所有的人聯繫為一個整體；還有一種互相排斥的力量，它使我們之間相互分離。因此，當這兩種力量開始更加猛烈地展示出其各自的力量的方向時，我們便開始發現一方面我們彼此之間是多麼地相互依存，而另一方面，與此同時，由於我們的自我的不斷膨脹，我們又變得越來越反抗這種相互聯繫和相互依賴性。如果我們不能終結我們自己的這些日益膨脹的不寬容、相互疏遠及憎恨的話，我們最終必定淪落到自相殘殺、相互毀滅的境地。

卡巴拉學家耶胡達　阿斯拉格很早之前就對這種危險向人們提出過告誡。他在去世之前曾解釋說：

「如果我們不能從這種自私自利的道路上儘快離開的話，那麼我們人類將會發現自己會捲入第三次，甚至第四次世界大戰當中。他警告說，這將會是令世界上絕大多數生靈慘遭毀滅的核戰爭。」

——卡巴拉學家耶胡達・阿斯拉格

阿爾伯特　愛因斯坦在1946年5月24日發的一份電報中，也表達出同樣的憂慮：

「原子彈釋放出來的能量，改變了除我們的思維方式以外的其他一切，我們因而正在一步一步地走向一場空前的災難的深淵。」

——阿爾伯特·愛因斯坦

令人遺憾的是，在今天看來，他們的這番告誡似乎比以前任何時候都顯得更加貼切。

在人類發展歷史的各個時期，我們都天真地相信更加美好的時光就在我們前面等著我們，我們相信人類將在科學、技術、文化、教育等各個領域取得進步，而所有這些進步將讓人類生活得更加幸福和美好。

位於美國奧蘭多的狄斯奈樂園的一個遊樂景點——「太空船地球」就是闡釋這種觀念的最佳地方之一。它建於20世紀80年代初期，在那兒，遊客可以縱覽並經歷人類進化史上所經歷的一個個里程碑。

這個遊覽旅程始於史前的洞內壁畫，隨後遊客將看到人類進化過程中發生的各個標誌性事件，比如人類開始使用紙和木頭的時間等等，並以人類征服太空作為結束。這個景點是按照那個時代最流行的概念設計的，因此被視為是對人類發展歷史的頌歌。建設者用「向著幸福的明天不斷前進」的方式來展示人類歷史，建設者所採取的態度則是：「明天這一切就會實現；如果明天無法實現，那麼後天就可以實現；如果我們的孩子看不到全人類走向真正幸福的這一天，那麼我們的孫子將能夠看到這一天。」

現在，幾十年後的今天，這種樂觀的態度已不復存在。我們每一個人如今所擁有的，對生活在100年之前的人來說只能是一種夢想：無數的娛樂選擇、旅行、休閒、體育……這個單子可以一直羅列下去，然而我們卻不再毫無疑問地確信我們會有一個更加美好的未來，更別提我們的子孫後代了。不斷攀升的自殺率、暴力、恐怖、生態災難等悲劇性事件以及社會、經濟和政治面臨的全面危機，所有這些都讓人們曾經描繪的人類未來的美麗畫卷變得暗淡無光。

我們正處在一個危機的十字路口。我們開始清醒過來，而且明白那個光明的未來已經不再是板上釘釘的事實。如今在個人層面及集體層面上感到的這場全面危機皆源於我們已意識到人類迄今為止所發展的一切都未能為人類帶來持久的幸福這一事實本身。

這也是諸如那些無意義感、空虛感、抑鬱、吸毒和自殺等現象產生和流行的根源，抑鬱症及濫用毒品已經成了我們這個時代的流行病。這些之所以是我們內心無助感的一種表露，是因為我們不知道如何去滿足我們這個不斷增強的追求快樂的願望。我們的自我利己主義私欲已經發展到了沒有任何我們曾經熟悉的物質範疇的東西能滿足它的地步。

現在的年輕人對待生活的態度，就是我們內心感到的那種無助感的典型表露。許多年輕人對待人生的態度，同他們的家長在他們這個年齡時對待人生的態度大相徑庭。在這些年輕人面前，有著一個廣闊的世界，那兒有著不計其數的成功和自我實現的機會。然而，越來越多的年輕人對這些目標失去了興趣。似乎年輕人對發掘自身巨大的潛能已變得漠不關心。他們似乎已經事先認識到即便忙碌了一輩子，到頭來人生還是將會毫無意義似的。

他們還看到自己周圍的那些成年人即使那麼竭盡全力地工作，可仍然生活得並不幸福。一旦他們看到這一點，就幾乎無法產生努力工作的願望！家長們之所以難以理解為何年輕人的情況會變成這個樣子，是因為當他們年輕時，他們和現在的年輕人存在著巨大的差異。然而，之所以會出現現在這樣的情形，是因為每一代人都在他們的基因中記載著他們之前的幾代人的經歷和幻想破滅的痛苦。

從現在開始，再也沒有任何現成的解決方案可以幫助我們改善我們面臨的這種境況。只有在我們掌握一切生命體賴以存在的自然的根本法則，並且知曉自然的全部規律之時，我們才能看清自己到底在哪兒出了差錯。為了收穫一個富有意義、安全穩定、平和幸福的生活，我們必須知道滿足這個追求快樂的願望——我們的自我——的完美方法。

3 利他主義是生命的法則

在研究自然時，我們發現了利他主義現象。英文單詞「altruism」（利他主義）源於拉丁語中的單詞「alter」，意指「他人」。到了19世紀，法國哲學家、實證主義和社會學創始人奧古斯特·孔德（Auguste Comte）將利他主義解釋為「利己主義的對立面」。利他主義的其他一些比較常見的解釋主要有「愛他人」、「為愛他人而犧牲自我」、「過分慷慨大度」、「為他人著想的一種偏愛」及「無私地關心他人」等等。

像利己主義一樣，利他主義也是一個與其他存在層面無關而只適用於人類的術語。這是因為諸如「意圖」、「自由意志」之類的概念只涉及人類。其他層面的生物並沒有選擇的自由。

給予與接受、攝取與排放、潛行覓食與自我犧牲，所有這些都是根植於其他動物的遺傳密碼(註1)。然而，我們卻要將這些術語「借來」，在談及動物時使用它們，以便我們能夠更容易地解釋自然規律，並得出有關人類的結論。

乍一看，自然似乎就像一個由利己主義者組成的圈子，在這個圈子中，只有那些最適合者才能生存下來，正所謂「物競天擇，適者生存」。這讓研究人員提出了多種多樣的理論，來解釋動物利他行為的直接或間接動機（註2）。然而，經過深入細緻的研究以及從更廣闊的視角進行的合理觀察，人們發現動物間的每次鬥爭和衝突，實際上都加強了自然界的總體平衡，並使生物之間互惠互利的這種生存體系得到鞏固。這些爭鬥導致了自然界的生物的總體健康狀況的提升，並且促進了自然的創造物的整體進化。

自然界尋求平衡的另外一個例子可以在20世紀90年代早期看到。當時朝鮮政府由於看到大街上的流浪貓較為擾人，於是下令清除流浪貓。幾週過後，絕大多數貓都被清除掉了，然而卻出現了老鼠、蛇數量遽增的問題。實際上，朝鮮政府後來為糾正這種不平衡，不得不從鄰國進口貓。

狼是又一個典型的例子。我們習慣於將狼看成是殘忍的危險的動物。然而，在狼的數量急遽減少之後，牠們為平衡鹿、野豬和容易傳播疾病的嚙齒目動物的數量所做的貢獻愈加明顯。實際上，不像人類喜歡獵捕健康的動物，狼主要獵捕患病的和虛弱的動物，牠這樣做無形之中就給該地區動物的總體健康提升做出了貢獻。

因此，科學研究越進步，就越多地揭示出這樣一個道理：自然的所有部分，都是一個單一的、完整的體系中的相互聯繫、相互依賴的組成部分。其實，當我們帶著自己的情緒和有色眼鏡去看待自然現象時，我們時常感到自然可能較為殘酷。而實際上，一種動物被另一種動物吃掉，反而維持了一個更大的整體系統的和諧與健康。其實，在我們自己的身體內，每分鐘都有億萬個細胞會死亡，同時又有億萬個新的細胞誕生。這正是生命延續所依靠的過程！

生命機體中細胞間的和諧

我們在每一個多細胞的身體中都可以看到一種吸引人的現象。如果我們將每個細胞做為一個單獨的個體來檢驗，就會看到它運行起來很自私，只為它自己著想。

然而，當我們將它做為一個更大系統的一個組成部分來檢驗時，這個細胞似乎只按照維持其自身生存所需要的最低標準去索取，它的其餘的大量行為都是在為整體服務。

細胞的這種行為表現就像一個「利他主義者」，它「考慮的」只是整個身體的健康，而且會為此做出相應的行動，貢獻自己的力量。

身體內的所有細胞必須保持完美的和諧。每個細胞的細胞核中都包含有涵蓋了整個身體資訊的遺傳密碼。從理論上來講，這是重新創造整個身體所需的全部資訊。

身體內的每個細胞必須意識到整個身體。它必須知道身體需要什麼，以及它能為其做些什麼。如果不是這樣的話，整個身體將無法存活。

身體內的每個細胞都在為了整個身體「著想」的狀態中存在著。細胞的所有活動、它的裂變的開始與結束、細胞的規格和功能以及在身體內向某一位置的移動，所有這些都順應著整個身體的需要。

這種密切聯繫性在一個新階段上創造了生命

即使我們體內的所有細胞都包含著相同的基因資訊，但每一個細胞仍然按照它在身體內的位置與功能角色，將那個資訊的不同部分付諸實施。當胚胎剛剛開始發育時，它所有的細胞都一樣。但隨著胚胎的逐步發育，細胞就開始分化，變得各不相同，每個細胞都獲得一種特定的品格。

因此，每個細胞都有它自己的「頭腦」或「意識」，而細胞之間這種利他的密切聯繫，使得它們能夠在一個更高的層面上創造出一個新的存在，一個更高層面的生命體，一個其思維與意識屬於一個更高的層面的完整的生命體，這個生命體不屬於這個或那個細胞本身所處的層面，而只存在於這些細胞之間的緊密聯繫之中。

一個利己的細胞就是一個癌細胞

一個健康的細胞一定是被一系列各種各樣的規則與限制所約束的。然而，癌細胞卻根本不管這些約束是什麼。癌症就是一種身體被其自身的那些開始毫無約束地擴散的癌細胞過度消耗的狀態。在癌細胞繁殖的過程中，一個癌細胞會在身體內持續不斷地分裂繁殖，絲毫不會顧及它所賴以生存的環境的需要，而且對整個身體發出的指令置若罔聞。

癌細胞摧毀了它們本身賴以生存的環境，從而為它們自己的繁殖生長製造了空間。它們迫使臨近的血管中產生相應的腫瘤，以便它自己能從中汲取營養，進而讓整個身體為它們自己服務。

簡而言之，癌細胞借助這種自私自利的舉動造成了整個身體的死亡。它們就是以這種方式來運作的，即使這樣做根本不會給它們帶來任何益處。實際上，對癌細胞而言，最後的結果卻是與它自私自利的目標本身事與願違，當它賴以生存的身體死亡時，充當殺死它的刺客的癌細胞也隨即死亡，因為癌細胞本身無法自己生存，它只能依靠其賴以生存的身體而存在。而癌細胞的自私自利的行為卻是如此地盲目，它自以為在為自己爭取利益，卻不知道這種自私自利的行為本身卻是在毀滅其本身賴以生存的機體。癌細胞在身體內反客為主的自私行徑，導致了其自身的滅亡。由此可見，當利己主義不斷膨脹而得不到遏制時，它會致使所有一切走向滅亡，包括它自己。利己主義的行為和對整個身體的需求的漠視，將它們自己引向毀滅。

個體 VS. 群體

在一個健康的身體內，在必要的時候，細胞甚至會「放棄」自己的生命，以維護整個身體的存活。當在健康的細胞中發生遺傳訊息錯誤時，這些健康的細胞就會有轉變成癌細胞的可能性，這個細胞則會啟動一種讓它自己死亡的機制。

這種出於害怕自己會變成癌細胞，進而危及整個身體的存活的恐懼使得細胞會為保全整個身體的生命而獻出自己的生命。

我們可以在不同的境況中，發現類似於細胞黏菌生存方式的利他行為。在理想的境況中，黏菌以獨立細胞的形式生存著，它為自己提供食物，而且獨立繁殖。然而，碰到食物短缺時，細胞們就聯合起來，創造出一個多細胞體。但在建立這個多細胞體的過程中，其中的一些細胞為了促進其他細胞的存活，主動放棄了它們自己的生命。

幫助其他同類

研究靈長類動物的專家弗朗斯・德・威爾（Frans de Waal）在他的著作《良者自然選擇》（Good Natured）（註3）中列舉了更多發生在自然界的無私利他的實例。他告訴我們說，在他進行的一項實驗中，兩隻猴子被一面透明的玻璃隔牆分開，這可以讓牠們都能看見對方。他給這兩隻猴子提供食物的時間各不相同，而他發現先拿到食物的那隻猴子，曾試圖將手中的食物透過透明的隔牆送給另外一隻猴子。

透過觀察發現，當其中的一隻猴子受傷或致殘時，其他的猴子在變得更加警惕的同時，還會更多地關心那隻猴子。一隻跛腳的母猴在惡劣的氣候中竟然生活了長達二十年，甚至還養育了五隻後代，這多虧了其他猴子給予的幫助。

另一隻在智力和身體方面發育遲緩的母猴在牠姐姐的幫助之下活了下來，牠的姐姐長期背著牠，而且處處保護牠。一隻失明的母猴得到了眾多公猴提供的特別保護。一隻公狒狒在弟弟癲癇發作時，就站在弟弟身旁，將牠的雙手放在弟弟胸前，並堅決阻止想給牠弟弟檢查身體的護理員靠近。

其他動物的行為也非常相像。海豚碰到其同伴受傷時，會用身體將同伴托起來，讓同伴一直貼近水面，以防同伴被淹死。大象會成群地圍攏過來，幫助其中一隻在沙漠上奄奄一息的大象。

牠們使出全身的力氣，用長長的象鼻和象牙放在那頭大象的身下，將牠高高地托起來。有些大象在用力托起同伴的過程中，甚至將自己的象牙折斷。最後，為防止那隻被偷獵者的子彈擊中肺部的母象從空中摔到地上，幾隻大象夥伴彎下身子，從下面馱著牠。

動物界共同生活的社會

動物世界為我們展示的公共社會形態引人注目，在這樣的社會裡，每隻動物都為了造福全體動物而努力。這樣的動物社會包括螞蟻、哺乳動物和鳥類群體。

生物學家阿維沙格和阿莫茨・札哈威研究了阿拉伯鶥的公共生活。阿拉伯鶥是一種會唱歌的鳥，人們在中東地區的乾旱地帶發現了大量的這種鳥。他們描述了許多利他的現象。

阿拉伯鶥習慣群居，在守衛牠們的領地方面相互合作。許多阿拉伯鶥常常住在領地內的一個巢穴裡。當別的鳥在吃食時，一隻鳥總在那兒為牠們放哨，儘管牠自己也非常饑餓。發現食物的阿拉伯鶥在自己吃飽前，會將食物提供給牠們的朋友。

牠們還給鳥群中其他鳥的孩子餵食，並且設法滿足牠們的各種需求。當一個捕食者接近鳥群時，阿拉伯鶥會用短促的尖叫聲報警，提醒牠們的成員危險正在降臨，即使牠們這樣做會讓自己暴露在危險之下，牠們也在所不惜。牠們還會冒著生命的危險，去救一個已被捕食者逮到的成員。

相互依存

科學研究已發現了許許多多相互依存的例子。有一種名叫絲蘭的植物就是這樣一個例子。絲蘭與蝴蝶形成了一種相互依存的關係。雌蝴蝶會將一株絲蘭花的雄蕊上的花粉，準確地傳播到另一株的花柱上，從而幫助絲蘭花受精。

隨後，雌蝴蝶便將牠的卵產在絲蘭花的花籽生長的地方。當幼蟲孵化出來時，牠們以絲蘭花的小芽為食物來源。然而，牠們會在絲蘭花上留下足夠多的小芽，以便絲蘭花能夠得以繁衍。靠著維持這樣一種關係，絲蘭花和蝴蝶都保持了各自種群的繁衍。

沒有貧窮和匱乏

希歐多爾・C・伯格斯特龍教授在2002年寫的一篇論文中解釋說，在一個沒有人類存在的環境中，動物依照有益於環境的法則生存，而不是依照我們通常認為的「適者生存」的法則生存。

在這樣一個社會形態中，動物維持著一種平衡的存在，而且動物的密度總是順應當前的生存條件。這樣的社會從來不會出現任何短缺，而且那個地方也不會產生貧窮和匱乏，即使偶爾發生一次「事故」，動物社會也會盡可能快地將它糾正。這個社會堅持將每位成員都安置在最理想的生存境況中，並同時讓環境資源得到最佳利用。

在自然界，一切都走向和諧統一

自然的進化證明，世界變為一個地球村的全球化過程並不是一種偶然的巧合。相反，隨著文明一步一步地向全面的和諧進化發展，全球化只是這整個發展過程當中的一個自然的發展階段。

按照進化生物學家伊莉莎白・賽圖里斯（Elisabet Sahtourist）的觀點，在這個過程的結束之時，將會產生一個單一的完整的體系，它的各個部分之間將會在合作和互惠的基礎上密切聯繫在一起。

2005 年，伊莉莎白・賽圖里斯在東京的一次會議上演講時，明確指出進化過程包括個體化、衝突及競爭這幾個發展階段。但在這幾個發展階段的終點，各個元素將會團結成為一個單一的、和諧的體系。

她將地球上生命的進化過程舉成一個例子。億萬年前，地球上只有細菌存在著。細菌四處繁殖數量激增，進而開始為了獲取自然資源，如食物和領地，之間展開了競爭。後來，一個新的實體——細菌群體——形成了，因為這個群體更好地適應了環境條件。

一個細菌實際上就是一個做為單一身體生存的細菌群體。按照這些同樣的規則，單細胞生物開始進化，並變成了多細胞生物，最終形成了植物、動物和人類的複雜軀體。

每一種單獨的元素都有著它自身的利己的利益。然而，進化的實質在於帶有利己主義利益的元素們團結成一個單一的有機體，而且為著這個更大的身體的共同利益而發揮著各自的作用。

伊莉莎白・賽圖里斯將人類目前正在經歷的這個過程，視為形成一個單一人類大家庭必須邁出的一步。這裡所說的人類單一大家庭，就是一個單一的人類社會——只要我們做為這個單一人類大家庭的組成部分，為它整體的健康發揮著積極作用，那麼整個社會也必將反過來保障我們所有人的利益。

因此，如果我們徹底地檢驗一下自然界的各種元素，就將看到利他主義是生命存在的基石。每一個生命體和每一個系統都由一群集合在一起的細胞或部分構成，這群細胞或部分共同合作、互為補充、相互幫助。它們彼此分享，依照「個體為了全體」這一利他的法則而生存。當我們深入探討自然時，我們發現越來越多的例子能夠反映出自然界的這種互惠的聯繫，自然的普遍法則就是「在利己的元素之間形成了利他的密切聯繫」。

自然就是以這樣一種方式設計著生命：為了創造一個有生命力的共同身體，每一個細胞都必須利他地對待其他細胞。自然創造了一種調節機制（Regularity）：使各種細胞和器官共同形成一個有生命力的共同身體的黏結劑是彼此之間建立起的利他的關係。

由此可見，創造並維繫生命的力量是利他的，是一種給予和分享的力量。它的目標就是創造一種——建立在利他共存、和諧以及各個元素之間保持平衡的基礎之上的——完美的共同生命體。

（註 1）For more on this, see Nedelcu's and Michod's essay, The Evolutionary Origin of an Altruistic Gene, published May 2006 in the Journal of Molecular Biology and Evolution.

（註 2）From the biological point of view, it is customary to define altruism as behavior that is beneficial to others, ostensibly at the expense of the creature's own ability to survive and multiply. Several theories have been constructed to explain why animals behave in this manner, and we shall briefly review the leading ones. The theory of 「Group Selection」 asserts that altruism serves the good of the group to which an animal belongs, hence the specific animal is rewarded by it, too. The theory of 「Kin Selection」 explains that if altruism is turned toward the kin, which carry similar genes, it indirectly contributes to the survival of its own genes. The 「Symbiosis」 theory argues that altruistic behavior is based upon the particular animal being somehow rewarded for the act. The 「Handicap」 principle relates to altruism as the way in which a particular element expresses its uniqueness and qualities.

（註 3）Frans B. M. de Waal, Good Natured: The Origins of Right and Wrong in Humans and Other Animals, 1996, Cambridge: Harvard University Press.

4 破壞平衡

「噢，人啊！不要再四處尋找邪惡的主人了，你就是那個元凶。」

——盧梭（法國思想家、文學家）

「人是最野蠻的動物。」——弗里德里希·尼茨基

「人是唯一會臉紅的動物，或者是需要這樣。」——馬克·吐溫

除了人類的自我之外，自然中的其他一切元素都依照利他的法則運作。它們與其環境保持著平衡，並且創造了一種和諧的體系。當這種平衡被破壞時，機體開始分崩離析。由此可見，重建平衡的能力是生命存在下去的必要條件。

實際上，整個身體將它全部的保護的力量都花在保持平衡上面。當我們談論一個身體是強健或是虛弱時，我們指的是它維持平衡的能力大小。而維持平衡要求每一個元素將自己看作為整體系統的一個組成部分，並利他地為整個身體的運轉，這為自然界廣泛的和諧與完美奠定了基礎。如果某種元素不遵從生命的利他法則，它就會破壞平衡。因此，利他與平衡這兩個術語以一種因果方式相互交織在一起。

在除了人類之外的所有生物中，都天生具有一種「平衡軟體」，它可讓它們在任何時刻都為維持平衡而相應行動。其他的生物總是知道要做什麼，因此不會遭遇到不穩定、不熟悉的情形，也就不會因為面對新的局勢而做出錯誤的行動。它們沒有自由行動的意志，因而不會改變自然的平衡。人類是唯一沒有安裝這種「平衡軟體」的生物。

因為從我們出生時起，自然並沒有賜予我們足夠的知識或者本能，來讓我們以與自然保持平衡的方式生存，所以我們並不確定如何在人類社會中做出正確的行為，比如，我們無法確定如何和周圍的人們保持平衡。平衡狀態也是一種最幸福的完美狀態，在這種狀態下，一切事物都和諧運行，不需要產生抵觸或立起一道防護牆。

這種「平衡軟體」的缺失導致我們人類的社會進化朝著一種利己主義的方向前進，而且每經過一代人，這種現象就變得越加嚴重。於是，人類為了滿足自身追求快樂的願望，不去考慮他人或其他生物的生存。

我們並不像自然界的其他生物那樣，渴望與他人建立利他的團結關係，因而，我們都不知道如果我們能夠採用利他的方式行動時，就能夠找到那種我們如此夢寐以求的完美的快樂。

如果我們審視內在，將會發現我們的確只是考慮我們自己的存在。我們與自然界萬事萬物建立的所有關係，都只是為著「改善我們自己的處境」這一目的。

為了讓我們的生活得到哪怕只是微不足道的改善，我們甚至願意眼睜睜地看著對我們沒有什麼用處的人們徹底消失。

除了人類之外，沒有哪種生物會大肆洗劫它周圍的一切。沒有哪種生物會從壓迫其他同類中獲得滿足，從其他同類的痛苦中獲取快樂。

只有人才會將自己的滿足建立在別人的悲傷之上。有句著名的諺語說得很好：

「在一個吃飽了的獅子旁邊走，遠比在一個吃飽了的人旁邊走更安全。」

經常以犧牲他人為代價的一代又一代在不斷增長的利己主義的目標，與自然的基本目標——為所有存在和每一個個體都提供一個最佳的生存環境——形成了根本性的鮮明的對比。

這就是為什麼人類的自私自利是整個宇宙中唯一破壞性的力量，是打破自然這個完整體系平衡的唯一力量。

卡巴拉學家耶胡達・阿斯拉格在其文章《世界和平》中寫道：

「世界上所有人的共同之處就表現在所有人和每一個人都時刻準備著，為了一己私利而不擇手段地剝削利用其他所有人，而且會毫不猶豫地將自己的幸福建立在朋友的毀滅之上。」

——卡巴拉學家耶胡達・阿斯拉格

而且他還補充說：

「人類感到，這個世界上的所有人都應該歸他統治，為他的利己主義目標的實現服務。而且這是一個無法被打破的規律。人與人之間唯一的不同僅僅表現在人們的選擇可能會不同。有的人利用他人，是為了滿足自己庸俗的欲望；有的人利用他人，是為了獲取權勢；有的人利用他人，則是為了贏得尊重。此外，如果一個人不用費多大勁就可做到的話，那麼他就會欣然利用全世界來一舉三得：同時獲取財富、權勢和尊重。然而，這一切卻不是出於他自己的意願，他是被強迫著根據自己的能力和才能做出這些相應的選擇的。」

——卡巴拉學家耶胡達·阿斯拉格

比較有意思的是，為了鋪設一條通向和平幸福人生的道路，我們必須首先透徹瞭解我們自私自利的本性。實際上，卡巴拉學家耶胡達　阿斯拉格指出，我們的利己主義這種不斷膨脹卻並非出於偶然，而且，我們也無需為我們是利己主義者或者為為我們的這種與日俱增的利己主義本性感到羞恥或加以指責。

利己主義這種不斷增長的目的正是為了讓我們清晰地看到我們距離那個現實的普遍法則，距離那個利他主義的品質到底有多遠。要知道，利他主義法則是生命的基石，而這種認知最終將引導我們對我們自己的這種利己主義本性感到厭惡並進而自覺地進行改正以彌補這種差距。而這正是整個創造的秘密和使命。

因此，利己主義不斷增長的目的，就是要讓我們充分認識到，我們的利己主義（只想以犧牲他人為代價來滿足自己的利益）與自然的那個無所不在的創造生命的力量（其品質就是利他、愛與分享）背道而馳。從這裡開始，我們將我們「人類的利己主義本性與自然的利他力量的對立性」稱作「與自然的不平衡」，或簡單稱作「不平衡」，而將「獲得利他的品質」稱作「與自然平衡」。

是什麼給予我們快樂？

正如我們前面所講，我們的願望被劃分為身體——生存的願望和人類——社會性的願望這兩大類別。我們現在將論述的重點放在人類的這種社會性的願望上面，以解究竟是什麼導致了我們與自然以及他人關係的失衡。

人類——社會性的願望可被劃分為三個主要類別：對財富的渴望、對榮譽和權威的渴望、對知識的渴望。這些類別象徵著那些一切能夠在我們內心浮現出來的非生理性的願望。它們之所以得到「人類——社會性的願望」這樣一個稱謂，原因有兩個：

1. 這些都是一個人從社會環境中「吸收」過來的願望。如果我們獨自生存，我們就不會渴望這些東西。

2. 這些願望只能在一個社會的框架裡被實現。

更準確起見，我們應該說人類為了維繫自己的生存之所需的願望被稱作「生理性的願望」，而它之外的一切渴求則被稱作「人類——社會性的願望」。我們可以監測一下自己是如何使用那些生存必需之外的願望的。實際上，這也是此類願望在我們內部演化的原因所在。

在我們每個人的自身內部都有一種不同的「人類——社會性的願望」的混合，這種由多個願望交融而成的混合在我們的一生中不斷地變化著。一個人可能更渴求財富，另一個人可能更渴求榮譽，而第三個人可能更渴求知識。它們都代表著不同種類或不同層次的願望：

1. 財富代表著一個人想要佔有和擁有的渴望。它是一種想要得到整個世界從而讓整個世界都屬於他自己的願望。

2. 榮譽是一種更高層次的願望。一個人不再像孩子那樣，想「搶佔」一切，而是認識到在自身之外還有一個廣闊的世界，而且願意窮畢生之努力來贏得外界對他的尊重。這樣的人甚至甘願為贏得尊重而付出自己的所有為代價。

對金錢的渴望要比對榮譽的渴望更為原始，它是一種想攫取一切並據為己有的願望。然而，對榮譽的渴望則對消滅他人不感興趣。

渴望榮譽的人會去尋求權威，和高人一等的優越感，並且尋求贏得別人的尊敬。因此，榮譽代表著人們想將這個世界仍然作為存在於他的外在之物贏取過來並尊重它的那種願望。

3. 知識及對知識的渴望，則代表著一種更大的、尋求權威的願望。這種願望促使人們去獲取知識，去瞭解現實中的每一個細節，去搞明白事物是如何發展的，以及知曉如何操縱自然和他人來為自己的利益服務。這種願望表明人們想借助頭腦（mind）去控制並支配所有一切的渴望。

以上那些我們除基本生存需要之外的每一種願望，實際上都源自社會環境。只有相對於社會而言，我們才能衡量我們是否成功地滿足了這些願望。前面提到過的心理學家丹尼爾　卡赫曼教授所進行的研究表明，當人們被要求去量化自己的幸福感時，他們主要依靠這些社會標準來進行評估。

該項研究還表明，我們的幸福感很少源於我們所擁有的一切，更多地源於我們自身境況相對於我們周圍的人的境況的對比。

這也是當我們變得更加富有時，我們的幸福感並沒有相應上升的原因之所在。這是因為當我們掙錢比較多時，我們會拿自己同那些比我們自己更加富裕的人做比較。

因此，我們唯一可以確定自己究竟是幸福或者是不幸福的途徑，就是將自己與他人對比。如果另外一個人取得了成功，我們就會產生嫉妒。在我們的內心深處，有時甚至公然表露出我們想看到他人的失敗的想法。這是一種我們自己無法控制的、不由自主的反應。當他人失敗時，我們反而會感到高興，這是因為這立刻相對地提升了我們自己的地位。

其實，人類那些超越生理需求的快樂，取決於我們對待他人的態度，以及我們如何看待自己與他人的關係。能夠使我們感覺良好的，並不是我們獲得的東西，而是我們在相對他人的關係中那種高人一等的優越感、社會聲望、並且由此帶來的自尊感以及我們自己的力量感賦予我們的感覺。

這種對待他人的利己主義態度，在我們與自然的普遍法則——利他的法則——之間製造出了不平衡。我們的利己主義本性總是渴望高人一等，以犧牲別人來獲取自己的快樂，脫離別人，這都與自然的那種力促它的所有部分以利他的法則為基礎團結在一起的做法格格不入。因此，我們人類的利己主義本性就是一切痛苦產生的根源。

自然中存在著某些的確在影響著我們的自然法則，即使我們並不瞭解它們。這是因為自然法則是絕對的法則。如果人違反了其中一條法則，那麼這個人在那個法則中產生的偏離將會反作用於他或她，並且通過痛苦迫使他或她回過頭來遵循那個法則。

我們已經瞭解到大多數那些在靜止層面、植物層面、動物層面及人類的生理層面運行的自然法則。然而，在人類之間的相互關係層面，我們卻錯誤地認為並沒有什麼法則需要去遵循。實際上，當我們仍然處在某個層面之內時，我們無法理解該層面的運行法則。只有當我們上升到一個更高的層面進行觀察時，才會意識到在那個層面運行的法則。這就是為什麼我們沒能清楚地看到我們這種對待

他人的利己主義行為同我們生活中的那些消極現象之間存在著聯繫的原因。

利己主義自我的正確使用

自我（利己主義）製造了自然的不平衡，但這並不意味著我們需要廢除我們的自我。所有我們需要做的只是改正利用它的方式。縱觀歷史，人類曾嘗試過數不勝數的方法，想要消滅自我（欲望），或者人為地減少私心雜念，期望借此實現平等、關愛和社會正義。各種革命與社會變革接連不斷地發生和交替著，可是，一切嘗試最終都以失敗而告終，這是因為真正的平衡只有通過正確地將這種接受的力量同那個給予的力量最大化地結合起來時才能獲得。而不是其他教義所採用的抑制或消滅欲望的方法所能獲得的。

在前面的一章中，我們看到適用於一切生命機體的普遍法則，就是利己主義元素之間的利他主義聯繫。這兩種相互矛盾的力量——利他主義與利己主義（給予和接受的力量）——存在於自然的每一種事物、每一個生物、每一種現象和每一個過程當中。

在物質層面、情感層面或其他任何層面上，你總能發現兩種力量，而不是一種力量。它們之間相互補充，相互平衡，並以多種多樣的方式顯現出來：就像電子與質子，負極與正極，排斥與吸引，酸性與鹼性，以及恨與愛等等。自然中的每一種元素都同維繫著它自己的生存的整個體系保持著一種互惠互利的關係，這些關係包括和諧的給予與接受。

自然渴望帶領我們走向完美，引領我們獲得無限的幸福。因此，為了實現這一目標，自然就在我們的內部根植了這種追求快樂的願望（欲望）。我們根本沒有必要去剷除這種追求快樂的自我（欲望）；更何況我們根本無法剷除它。它是我們的本性，我們需要做的只是改正它，或者更準確地說，改變我們利用這個追求快樂的願望的方式，將它從利己主義的接受快樂的方式轉變為利他主義的接受快樂的方式上來。

正確的進化會使用我們自身內部內在的追求快樂願望的全部力量，只不過是以一種結果改正的正確形式來使用它，也就是從利己主義的使用方式改正為利他主義的使用方式。此外，既然利己主義是我們的本性，我們也不可能對抗它或者無限地制約它，因為那會致使我們同自然的進化方向相背離，並離創造的目標越來越遠，甚至逆著創造的方向而行。如果我們試圖要那樣做，那麼我們必將發現我們無法做到那一點。現在整個人類面臨的危機就是這種狀態的反映。

儘管我們的現狀並沒有顯示出自然希望我們獲得快樂，但這只是因為我們的利己主義本性自我還沒有像自然中的其他任何層面那樣，還沒有完成它們的進化發展的進程，我們還處在一個發展的中間階段。

卡巴拉學家耶胡達　阿斯拉格在他的文集《宗教的實質及其目的》一文中，是這樣解釋的：

「縱觀展現在我們面前的所有自然體系，我們瞭解到在任何以下四種類型的生命存在形式中—靜止、植物、動物及人類，無論是總體上還是在個體上，都可讓我們從中發現一種目的明確的指引，也就是一種基於因果法則的緩慢而逐漸發展的過程。這類似於植物結出果實，這種法則指導著它一天天地長大，直至最終長出又甜又好看的果實。不妨前去請教一位植物學家，果子從剛長出來開始算起，直到它最終完全長熟，需要經歷多少個不同階段。它在成長的初級階段非但沒有顯露出又甜又好看的最終結果，而且似乎故意讓人煩惱的是，它顯露出來的雛形，與最終的完美情形恰恰相反：果實最終變得越甜美，它在早期的生長階段就越苦澀難看。」

——卡巴拉學家耶胡達‧阿斯拉格

事實真相是，任何生物在達到其最終形式之前，都體現不出自然的完美。拿人類這種情況來說，我們現在所處的這種狀態，並不是我們發展完全時的最終的狀態，我們還處在發展的中間階段。這就是為什麼我們的狀態看似如此消極和腐敗。然而，就像樹上的果實一樣，在我們自身之內也沒有任何需要去毀滅的東西，否則自然一開始就不會將它置於我們之內。

自我的力量是一種非常奇妙的力量。正是它引領我們走到了今天這個地步，而且多虧了它，我們也才能在將來達到自己完美的狀態。正是利己主義推動著我們前進，並促進了無限的進步。沒有它，我們不可能發展到今天這樣一個人類社會，我們也不可能與動物存在著根本的差異。最後，也多虧了我們的自我，我們現在已不再滿足於那些短暫的、曾經熟悉的快樂，而是希望獲得超越這些物質層面的快樂。

實現這一切的訣竅就在於找到一條正確使用我們的利己主義自我的最佳的、最明智的途徑，也就是朝著與他人「利他地」團結這一目標不斷邁進。而能讓我們做到這一點的方法，就是卡巴拉智慧。這也是它的名字所代表的本意。卡巴拉在希伯來語的含義是指「接受」。因此，卡巴拉智慧就是一種如何以完美的方式接受完美的快樂的智慧。

卡巴拉並不要求我們壓抑我們天生的利己主義自我帶來的欲望衝動。恰恰相反，卡巴拉智慧清楚知道並承認它們的存在，並闡釋了我們如何才能夠最好地、最有效地使用它們以達到我們最後的完美狀態。

在我們的進化過程中，我們需要將我們內在的所有傾向和元素都和諧地結合起來，並將它們利用到整個進化過程當中來。例如，我們通常認為嫉妒、欲望和名譽是貶義詞。但在卡巴拉智慧當中，甚至有句著名的格言是這麼說的：

「嫉妒、欲望和名譽將我們拉出這個世界。」

（Avot，4：21）

然而，人們對這句格言的深層意義並不熟悉。嫉妒、欲望和名譽讓我們脫離的，就是這個物質世界；而它們引領我們將要到達的，則是那個完美的精神世界——也就是自然的更高階段。然而，這兒有一個先決條件：只有當我們將我們自己的這些自然的利己主義本性傾向引導到一個積極的、有益的方向，讓我們同自然的利他主義力量之間獲得平衡時，那個終極目標才會實現。

將危機做為恢復平衡的良機

「英文中的『crisis』（危機）一詞在中國漢字中是用『危』和『機』兩個詞來表示的。『危』代表著危險，而『機』則代表著機會。在一場危機中，既要意識到危險，又要認識到機會。」

——約翰・F・甘迺迪

自然渴求平衡。它的所有行為都是為了將每一部分帶向平衡。比如火山，就是由於地球深層的壓力不斷積聚，直到有一天地殼無法平衡它時，火山就爆發了。接著，地下的巨大壓力得以釋放，因此，地下壓力與地表壓力便重新恢復平衡。這就是自然恢復失衡狀態的一種方式。

物理和化學定律告訴我們，物質或物體運動的唯一原因就是為了尋求平衡。為了達到這種平衡，自然創造了諸如壓力均衡、濃度、溫度、流向最低處的水、冷熱的傳播之類的現象。用科學術語來說，一種平衡狀態被稱為「homeostasis 動態平衡」（在拉丁語中，homo 的意思是「同樣的」，而 stasis 的意思是「狀態」）。動態平衡狀態就是現實中的一切萬物都要達到的狀態。

然而，在人類層面上，這種動態穩態則需要人類有意識的主動參與。這就是為什麼只要我們未能意識到利己的待人態度既傷害我們自己，又傷害這個世界，我們就無法對自己的行為負責的原因。

反過來，自然就是透過讓我們看到這種失衡的狀態，從而助我們一臂之力，而這也正是為什麼自然正在將我們引領進入一個我們的利己主義進化過程中的全面危機階段的原因。這場危機發生的目的就是想讓我們發覺到我們正走在一條錯誤的道路上，而且必須改變路線。由此可見，危機並不是一種懲罰，而是旨在帶領我們走向完美。

事實上，在這個世界上並沒有任何懲罰，這是因為我們生來就是利己主義者並不是我們自己的過錯，我們被創造成這樣。這個世界上所存在的一切，都是為了發展我們的手段。

我們必須牢記，人類——本質上講是一種享樂的願望——如果沒有缺失某種東西的感覺的話，就會哪怕連一英寸都懶得移動一下。換句話說，我們只會由於願望得不到滿足而前進，因此我們也只為了尋求未來的滿足而前進。當我們缺少某種東西時，當我們感到不滿意時，我們就會感到痛苦，並且開始尋找解決方案，這就是我們不斷地進化和前進的方式。

現在出現的危機是自然在將那個它有意植入我們內部的那個「錯誤」暴露出來的時刻，是對那個「過錯」的顯現。這些「過錯」允許我們依靠自己去「改正」它們，從而提升我們自己。在過去，在千百年前，當人類遭受痛苦時，人類不懂得為何會遭受痛苦。但現在，我們已準備好去瞭解其中的原因了，並且看見正是痛苦在指引著我們去培養那個利他主義的品格——也就是自然的愛與給予的品格。這就是為什麼自然可以「問」一位當代的人：「你對我所賜予你的是否做出了正確的反應了呢？」的原因，如今，自然正是在讓我們遭受痛苦的同時，引領我們探究痛苦的根源是什麼。

直到今天，我們還一直在用一種非常直接的方式對待自然：自然透過激發我們內在的那些願望促使我們進化發展；而我們則在透過無數的途徑——透過文化、教育、科學和技術等等在競爭著往前進化。這都表現在個人、社團和國家層面。

然而，今天我們突然進入到了一個死胡同，並且我們被迫停下前進的腳步，認真檢視我們自己。事實上，這正是我們獲得檢視自己的願望的能力的時刻。

因此，從這一刻起，我們必須全力繼續這項檢視。我們不能再繼續研究如何更好地運用自己的願望，我們必須開始思考我們的願望，並從一個全新的角度去回顧它們。我們不得不開始問我們自己：「我在用自己的願望做什麼？而且為了什麼？」我們每個人都被要求去檢視我們自己。

其實，自然的力量是一種持續穩定不變的利他的力量。它永恆不變，而且一直在促使我們與它保持平衡。那個唯一發生改變和發展的事物，根據深植於我們內在的「程式」，就是存在於我們內部的自我。利己主義朝與自然力量之間相反方向的不斷增長，使這種不平衡越來越大，而我們從這中間體驗到就是壓力、不舒服、痛苦，以及其他消極現象和危機。

這種壓力的強度，取決於我們失衡的程度。這就是為什麼在過去，痛苦與不幸反倒更少的原因，就是因為那時我們的自我利己主義相對於今天還很小。但是現在，我們發現它每天都在不斷增長。

由此可見，根據我們與自然失衡的程度的大小，我們所體驗到的痛苦或幸福的強弱不同，而這一切實際上都是由我們人類自身獨自造成的。

也就是說，我們是自然這一有機完整體系中唯一的游離在外的、沒有與自然有機結合在一起的部分這一事實，就是一切痛苦的真正原因，也是我們面臨的一切困境與危機的根源。

當我們將所有那些個體的和群體的危機，同人類的利己主義——即造成整個自然體系失衡的原因——聯繫起來時，我們就能夠朝著解決危機的方向邁出關鍵的一步。

當伴隨痛苦而來的是對痛苦的根源的瞭解時，當遭受痛苦的目的被感知到的時候，這樣的痛苦就是有益的，因為它們反而變成了進步的推動力。

因此，危機並非是真的危機，而是一種更為進步的人類進化過程中的一種狀態，而其最初的表現就是對現狀的否定。然而，如果我們改變一下我們自己的態度和意識，並從一個不同的角度來看待這一點，我們將會明白現在看似危機的那種情形，對我們人類來講，實際上卻是一個天賜良機。

5 遵循自然規律

「如果目標本身沒有被正確地設定，那麼人們便不可能沿著正確的道路前進。」

——法蘭西斯・培根

生命的目的

那個操控及維繫自然的普遍力量就是利他的力量。這種力量迫使自然的各個部分做為一個單一的統一的有機體的器官，平衡、和諧地存在。當這些部分達到這種狀況時，它們便形成了一個被稱為「生命」的黏合。這種黏合存在於除了人類層面之外的其他所有層面，因此，人類存在的使命就是要獨立地創造出這種黏合，而這恰恰是自然驅使我們要成就的事業。

這種結合可以透過一種利他主義的態度來獲得，並且表現為對他人的幸福無微不至的關懷當中。這種態度將會為我們帶來歡樂，這是因為透過創造與他人的這種親密無間的關係，我們能夠同那個無所不包的自然法則保持均衡，並與自然完全融合為一。

我們人類是整個宇宙中唯一不在互惠互利的團結中行動的生物，而這正是我們沒有真正感覺「生命」的原因。儘管從表面上來看，我們確實「活著」，但將來我們會發現「生命」這一術語，實際上指的是一種完全不同的生存模式。

那條通向實現人生目標的道路，包括了一段很漫長的自我的利己主義進化階段，這個進化階段是一個持續了幾千年的過程。我們在這個進化階段的結尾時，將會從「自我將給我們帶來幸福」的觀念中醒悟過來，並且發現利己主義的增長，正是我們所遇到的每一個困境的禍根！

接下來，我們必須意識到我們都是一個單一有機體系的組成部分。我們需要依照利他主義法則來對待他人，與他們團結起來，成為人類這個統一機體中互相的相容的器官在剛剛開始的時候，我們只是為了逃避現實生活中的問題才這樣做，而且這樣做我們很快能得到的回報，就是從人生每個領域的痛苦中解脫出來。我們還會被賦予對人生的意義和實質有一種全新的感覺。

然而，在我們開始這個進程之後，我們將會發現自然為我們制訂的計畫，遠遠不止於只是讓我們生活便利。否則，自然就會像將那種「平衡軟體」——利他的品格植入動物中一樣，也會在開始時植入我們人類身上。

但，事實卻是，我們只是被創造成以自私自利的本性做為開始，就是為了讓我們自己能夠明白我們的自我的現有形式對我們自己是有害的，因為它與自然的利他品格背道而馳。這種對平衡的獨立探尋，會引領我們漸漸認識到利他主義——也就是愛與給予的品格的優點。

正如我們前面所看到的，自然中的每個元素都本著「造福它所賴以生存的體系」這一原則來運作。然而，這種平衡的存在是一種本能的、屬於物質層面的平衡。人與自然界所有其他層面的存在物的區別，就在於人類是會思考有思想的動物，而且思想的力量是現實中最強大的力量。

思想的力量超越了所有那些無生命的力量，比如萬有引力、靜電力量、磁力和放射力等等。它還超越了在植物層面上促進其成長與進化的力量，超越了促使動物趨利避害的那種力量。思想的力量甚至超越了人類的利己主義的願望。

這樣，那些處在靜止、植物及動物層面上的自然元素對其賴以生存的體系的良好態度都只表現在物質層面上。而對於人類來說，要求人類去改正的那個層面，卻屬於與物質層面完全不同的思想的層面，及對待他人的態度層面。

大約在兩千年前，由卡巴拉學家西蒙・巴爾・約海所著的、卡巴拉最主要的著作《光輝之書》中，是這樣闡釋的：

「一切都在思想中被澄清。」

——（*The Zohar*，*Part 2*，*item 254*）(*註 4*)

我們對同他人團結成為一體有著與生俱來的內在抵觸，就是我們利己主義的一種外在表露。利他主義與此正好相反；它是一個人

的一種源自一個人的思想和一個人的願望，讓一個人將別人感覺為自己的一部分那樣去對待別人的內在的行動。

由此可見，為了在我們與自然的利他法則之間實現平衡，我們就需要達到一種更高的狀態，在那個狀態下我們從以利他主義對待他人的行為中獲得快樂，並渴望做為一個整體系統的有機部分享受團結帶來的樂趣，而不是想在利用和支配他人中謀取快樂。

這個將快樂的源泉從一種基於利己主義的接受快樂的方式轉變為一種基於利他主義的接受快樂的方式的過程，在卡巴拉智慧中被稱為自我的改正Tikun　（correction），或者簡單地稱為Tikun。這個過程取決於在我們自身內部培養出一種新的願望，一種獲得那個利他主義的品格的願望。

為了在這個改正的過程中取得進步，我們必須利用思想的力量。卡巴拉學家耶胡達·阿斯拉格在他的文章《思想是從願望中生長出的枝節》中解釋說，我們追求快樂的願望，決定了我們將思考什麼。

例如，他指出，我們不會考慮與我們的願望相矛盾的事情，比如我們死亡的日子等等。我們只會考慮那些我們渴望的事情。而願望產生了思想，而且促進了有利於那種願望得以實現的思想出現。所以，思想是願望的僕人，願望是思想的主人。

然而，卡巴拉學家耶胡達·阿斯拉格接著說，思想也有特殊的能量：它可以在相反的方向來發揮作用。也就是說，思想能夠增強願望。如果我們有了一個微小的獲取某件東西的願望，而且如果我們去思慮這件東西的話，那麼這個願望也會隨之增強。我們越多地考慮它，願望就增強得越多。

這種能量在願望——思想之間製造了一個相互強化的循環。在這個強化循環中，不斷增強的願望強化了思想，而思想回過頭來又不斷地強化著願望。運用這種機制，我們可以對我們自認為重要的東西產生一個強烈的渴望；雖然這個願望與其他無數的願望相比顯得很微小。因此，藉助這種強化循環，我們就能使得我們獲得利他的品格的願望成為所有願望的中心。

這會引發這樣一個問題：「如果我們渴望無私地與他人團結，但這願望並不是我們內心裡最強烈的願望，我們如何才能強化它呢？畢竟目前我們心中就有許許多多的願望，而且它們都是一些很強烈的利己主義願望，它們看起來更實際，更能讓人感受到，甚至我們要去考慮的就是它們。」或者更為簡單地說：「我們如何才能運轉『思想——願望——思想』的這一強化循環的輪子呢？」

這就是社會環境對我們的影響發揮作用的地方。如果我們懂得如何去在自己的周圍營造一個適當的環境，那麼這個環境將充當增強我們獲得那個利他主義的品格的新願望和新思想的動力的源泉。由於社會環境對每一人的進化所扮演的角色的重要性，所以我們將在下面的兩章裡深入探討這個話題。

我們該做什麼呢？

我們需要開始思考與自然的力量達到平衡的益處，並認識到人類美好的未來依賴於這種平衡。我們必須將我們的思想聚焦在想著成為一個包含全人類每一個人在內的完整體系的組成部分，而且開始在這種思想指導下同他人建立相互之間的關係。

一種正確的、利他的對待他人的態度意味著我們要將自己的意圖、思想和關注點，導向到他人的福祉上來。當我們的思想都是意旨在考慮他人時，我們就會希望人人得到他們生存之所需。然而，除了物質層面的福祉之外，我們還應該將我們自己的思想的力量，集中用在提升他人的意識水準上。我們必須讓每一個人都感覺到他自己是一個單一有機整體的組成部分，並應為此發揮相應的作用。

想要這樣去做，我們首先需要在思想層面將這一內在工作置於首要位置，時刻去關注這一思想而且永遠不要使這一思想離開我們的頭腦是非常重要的。我們應該將這樣的思想放在極其重要的位置上，因為我們人類的全部福祉都取決於它們。只有透過它們，我們才能從危機和災難中被拯救出來。最初，這可能看起來很抽象，但人類夢寐以求的美好的未來確實依賴於此，而且也只依賴於此。

除了在思想層面上堅持利他地對待他人及世間萬事萬物的態度之外，我們還可以對他們做出利他的行動：我們可以與他們分享我們掌握的有關「生命的意義和人生的目標及如何實現它」的知識。

如果我們將這些知識傳播給他人，而且他們也和我們一起意識到存在的問題；如果他們有著和我們同樣的想法，而且在如何解決問題上與我們思路一樣的話，那麼我們就能在這個單一的有機體系（在這個體系中我們每個人都是它的一個有機部分）中引發了一種積極的變化。因此，我們的意識就會更加得到強化，而我們將會立刻體驗到在生活的各方面中發生的積極變化。

一個改變了他或她對待他人態度的個體，將會引發在全人類當中的變化。實際上，我們可以用下面的方式來描繪一個人個體與人類整體之間的關係：你和整個人類都是一個單一體系中的組成部分。然而，人類的其餘成員卻完全依賴於你作用於他們的方式。整個世界就掌握在你的手中。現實就是這樣為每一個個體的人安排的。

為了理解這其中的道理，讓我們畫一個大約有著七十億層的立方體，這代表地球上大約七十億人。每一層都代表一個人，而且該層由這個人來操控；在每一層內都有七十億個細胞，其中一個就是你。其他的細胞象徵著其他的人被結合吸納在你自身之內。這個單一的自然體系就是這樣被建立起來的。換句話說，每一個人都被整合在全人類所有其他人當中。因此，我們全人類每個人之間都是密切相連在一起的。

如果你能夠改正在你這一層中其餘細胞中哪怕只是其中的一個細胞的態度，你就已經喚醒了連接在他身上的屬於你的那一部分。而這就在那個人當中創造出了一種積極的變化，這種變化會讓他也

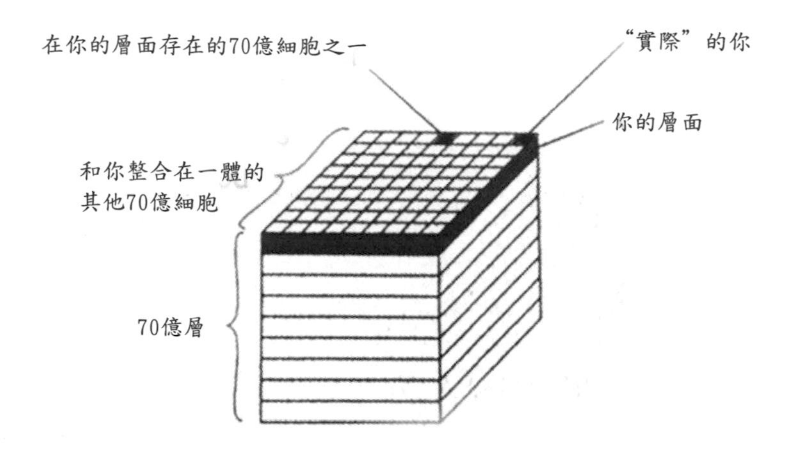

個體在自然的單一系統中整合的方式示意圖

渴望去改正他對別人的態度，而且那種變化影響的絕不只是那個人。它影響著那個人所處的整個層面，包括所有那些與那個人整合在一起的其他所有細胞。此外，由於其他的每一個細胞都在這個立方體中有著屬於它自己的層面，就這樣，整個的那一層面現在也被喚醒了。

實際上，當一個人改正自己對待他人的態度時，將會引發一連串事件的連鎖反應，在所有人的意識中產生一種潛意識的、積極的變化。這種在這個立方體各個層面之間的相互作用將會促使全人類開始改正並最終達到融為一體的完美狀態。

我們應該知道，人類目前所處的利己主義狀態與自然的利他力量處於矛盾的狀態。因此，即使我們做出一種非常微小的改變，也會讓人類朝著與自然均衡的目標邁出微小的一步。增強平衡就意味著減少失衡，隨之而來的就是消極現象的減少。

儘管那些尚未改正自己待人態度的人們不會感覺到它，但那些引發了這種變化的人們會立刻感覺到這種積極變化。因此，為了增強「我們是同一個單一體系中的一部分」這種全球一體化意識，我們越多地去追求這些思想和行為，便會越快地感覺到我們生活在一個宜人的世界，一個充滿快樂和美好的地方。

偉大的卡巴拉學家亞伯拉罕·伊薩克·哈科恩·庫克（在其手稿的第六十頁）是這樣描述人類的思想的力量及其對現實的重要影響的：

「人們需要很大的努力才能感受到生命的力量和思想的力量的現實，明白觀念的威力和生命的操縱力量，並瞭解思想的現實力量。而且借助意識，我們能夠懂得思想越提升、越精練和越清晰，人類和整個世界就會變得越昇華、越精練和越清晰。而且現實的所有方方面面總是位於思想的力量之下，它們的上升或降落，取決於人類思想的力量的上升或降落。」

——卡巴拉學家亞伯拉罕·庫克

當人的思想提升時，而且當他或她通過改正自己對待他人的態度而得到回報時，他或她就產生了新的渴望：

1.Kesef（金錢）源於 kisuf（渴望）這個希伯來語單詞。這涉及一個人想獲得他人的願望並且關心他人的福祉的願望，這很像一個媽媽在呵護自己的孩子，並從滿足孩子的需求中獲得快樂的情形。

2. 尊重，一個人尊重每一個人，並將他們當成自己的夥伴來對待。

3. 知識，一個人渴望向每個人學習，以便瞭解他人的需求，與他們團結在一起，進而與自然達成平衡。因此，這個人便領悟並感知到了涵蓋著現實的利他主義思想：自然的思想(創造的思想）。這是一扇通向自然的最高階段——完美與永恆——的大門。

這比表面上看起來要容易得多

這個我們要將從利己主義方式中接受快樂轉變為從利他主義方式中接受快樂的改正過程，一開始看起來非常複雜。但現實卻與它給人的第一印象大相徑庭。卡巴拉學家耶胡達·阿斯拉格在其文章《世界和平》中指出：

」在第一眼看起來，這個計畫似乎是難以想像的，好像是超越了人的本性的事情。但當我們深入鑽研它時，從『只為自己而接受』轉變到『給予他人』之間的矛盾，實際上只是一個心理問題。」

——卡巴拉學家耶胡達·阿斯拉格

我們在這引用「心理問題」這個術語並不是說它是一個需要心理醫生解決的問題；相反，它表明的是這個問題涉及我們內心如何獲得快樂的內在態度。我們已經習慣於以利己主義的方式獲得快樂，這對我們來說，即使認為還有其他獲得快樂的方式都是很困難的了，更何況要去接受改正我們利己主義的接受方式為一種與我們的本性正好相反的利他主義接受的方式了。

看起來繼續沿著我們未改正的利己主義道路要容易得多：只需在生活當中隨波逐流，圖個清閒自在，對人生懷著「que sera sera」——順其自然的看法。可是實際情況卻截然不同。儘管我們沒有意識到這一點，但是我們的自我——我們那麼信任和依賴它可以將最好的利益帶給我們的東西——其實並不是真正的「我們」。自我只是一個在我們內部凌駕於我們之上的獨裁者，統治著我們的內心世界，讓我們滿足它的需求。我們只是習慣性地認為自我的這些需求就是我們自已的需求，並且認為我們的自我在努力為我們造福。

我們需要認識到，這個自我根本不管我們是否樂意接受它的統治，就愚弄著我們並在內在統治著我們。當自我想得到某種東西時，它會跟我們耍花招，讓我們誤以為是我們自己想得到這種東西。

如果我們意識到這個自我唆使我們付出那麼大的努力，花費那麼多的精力，去執行它的命令，到頭來得到的回報卻是微不足道的時候，那麼，我們將會把目前的這個未得到改正的自我，看成是所

有獨裁者中最可惡的那個。

卡巴拉學家耶胡達・阿斯拉格在《十個 Sefirot 的研究的介紹》一文中這麼寫道，如果人們將自己付出的努力，同生活中實際體驗到的快樂相比，他們將會發現：

「在人的一生當中，他們為維繫生存而經受的痛苦與磨難，要比他們所感覺到的那一點點快樂多出許多倍。」

——卡巴拉學家耶胡達・阿斯拉格

然而，這一事實卻一直向我們隱瞞著。

我們的自我將我們做為它偽裝的外衣，潛藏在我們內部，彷彿我們和它是同一個人。它一次次地迫使我們追求利己主義的快樂。

然而，實際上，我們的本質只是追求快樂的一種願望，並不是一種利己主義的追求快樂的願望，儘管它可能會矇蔽我們。換句話說，「我們」的自我，並不是我們真正的自我，我們應當將這兩者區別開來。

就在一個人能夠區分這兩者，並想獲取同自然保持平衡的利他的品格的那一刻，他便可立刻感受到自然的積極支持。我們還應當注意到，「向利己主義行為努力」同「向利他主義行為努力」之間存在著巨大的差異。一旦一個人獲得了自然的品格，他的利他的行動就不再需要花費精力。恰恰相反，他可以輕鬆快樂、毫不費力地做出利他的舉動，帶來心滿意足，興高采烈和滿足的感覺。

實際上，利他的行為不需要耗費能量，它們反倒會產生能量。原因就在於利他的力量就像太陽一樣散發出陽光一樣，利他的力量實際上就是一個無盡的能量的持續提供者。然而，利己主義的力量總想著要接受與索取，因此它總是缺乏的。

我們可以將這種現象比作一個電池的正極和負極。一個人將自己與積極力量相關聯的那一刻，他就能感覺到充滿活力、能力無限。他變得像一個永不枯竭的泉源，從他自身內部會創造並釋放著無窮的能量。

因此，就像卡巴拉學家耶胡達·阿斯拉格所說，我們面臨的問題，只是一個心理上的問題——摒棄那種只是看起來讓我們受益的自私自利的算計（其實這並不讓我們從中受益），而轉向利他主義的算計。透過這種方式，我們能夠確保我們的接受的願望將體驗到即刻的、無限的快樂，這是由於真正的、完美的快樂只會從與他人利他的團結中找到。

（註 4）All references to The Book of Zohar relate to Yehuda Ashlag's Zohar with the Sulam Commentary.

遠途與捷徑

獲得利他的品格是我們人生的目標。自然的進化法則推動著我們藉助利己主義本身去努力達到這一目標。自然的目的就是要讓我們懂得這種所需要進行的改正，並且依靠我們的意識與理解，透過我們同意參與改變對待他人的態度的過程，來完善我們自身。因此，我們每個人都可以在下面兩條道路中做出自己的選擇：

1. 透過意識到我們利己主義的本性是非常有害的，並與自然的利他品格背道而馳，從而激勵我們積極參與這個演化的過程，並且掌握改正利己主義的本性的方法。

2. 消極地等待，直到因與自然失衡而帶來的打擊、壓力和痛苦迫使我們不得不去尋求一種逆著我們的意志去糾正這種失衡的方法。

這種透過逃避壓力與痛苦而對利己主義的改正是被確保的。然而，我們卻首先被給予了選擇進化過程的自由選擇，從而瞭解並控制自我。

這樣，我們將很快毫不費力地同自然的普遍法則——那個給予與愛的利他法則——保持平衡。上述的兩條進化之路被分別稱為「改正的道路」和「痛苦的道路」。

對於自然將會是最終的「贏家」，我們最終必須遵循自然規律，這一點是毋庸置疑的。但問題在於我們應該怎樣選擇才能做到這一點？如果我們積極主動地選擇和自然的利他法則保持平衡，而不是讓苦難迫使我們發展，那麼我們將會獲得真正的幸福。否則，艱難困苦將在我們身後不住地鞭打我們，而且會給我們一種不同的動機。

非常有趣的是，在拉丁語中，用來表述動機、刺激的單詞是stimulus，它實際上是一個用來趕驢子的尖尖的枝條，當車夫想讓驢往前走得更快些時，就用它朝驢子身上抽打幾下！

與自然保持均衡的狀態是生存的最佳狀態。但要體驗這種狀態，似乎我們需要首先體驗它的對立面，即一種最惡劣的生存狀態。

之所以會這樣，是因為我們是透過兩種對立事物的鮮明對比來感知事物的，比如明與暗的對比、黑與白的對比、苦與甜的對比等等。

然而，存在著兩種體驗那種惡劣狀態的可能方式。第一種方式就是真的置身其中，第二種方式則是在我們的頭腦中將它勾畫出來。這就是為何我們人類被創造為一種具有情感和思想理智的生物的原因。

我們與自然完全失衡會帶來非常可怕的後果，而我們卻可以在不用用我們自己的身體親身體驗這種可怕後果的情況下，可以在自己的頭腦中想像它的可怕景象。正如《塔木德》所說：

「誰是有智慧的人？能看到未來的人是有智慧的人。」

（Who is wise? One who sees the future.）

（Talmud Bavil, Tamid，32：1）

如果我們在沒有陷入最糟糕的狀態之前，能將這種狀態想像得非常清楚，那麼這種想像的畫面將充當一種足夠的推動力量讓我們即時避開即將到來的災難，並朝著相反的好的方向發展。

透過這樣做，我們將避開無數巨大的苦難，並且加速我們進化的步伐。傳播一切有關危機和問題的根源的知識，以及傳播解決它們的方法，向人們指明通向嶄新人生的道路，都將讓人類在改正的道路上加速前進。

改變對待他人的態度、將整個自然帶向平衡

我們可以很容易地看到改變我們對待他人的態度，能夠讓我們順利解決人類社會所出現的各種問題。這將意味著結束戰爭、終結暴力與恐怖主義、消除人們之間的仇恨。

然而，同樣的危機也在自然的其他層面——非生命層面、植物層面和動物層面——正在發生著。它們將會如何？它們的境況如何才能得以改善呢？看起來為了關心地球、水、空氣、植物和動物，我們必須直接在它們身上做文章。這就是為什麼我們會對卡巴拉的改正方法將焦點全部放在人與人之間關係上面，並將那些關係視為左右大自然的萬事萬物存在狀態的關鍵因素這種做法感到驚訝的原因。

那麼，改正我們人類之間的利己主義關係，也能影響到其他存在層面的狀況嗎？比如，它能解決威脅我們的生態危機和資源短缺

問題嗎？

我們應該知道自然的利他力量是一種單一的絕對的力量。在它內部沒有分支。但對我們而言，它卻被劃分為無生命的自然、植物的自然、動物的自然及人類的自然四個層面。換句話說，有四個不同層面的自然在影響著我們。

比如，在無生命的層面上，自然透過地球來影響我們；在植物的層面上，透過花草和樹木來影響我們；在動物的層面上，透過動物和我們自己的身體來影響我們；在人類的層面上，自然透過我們的社會環境來影響我們。然而，它實際上都是同一種力量，只是我們的感官將它劃分成許多層面和無數的力量，這一點我們將在隨後加以論述。

一個人是透過自己的思想、願望和意圖變得和那個利他的力量相類似來達到平衡的最高點。這種平衡層面，被我們稱為「人類層面」。如果我們愛他人，如果全人類做為一個單一的統一體而存在，如果我們能夠做為單一機體的部分來保持相互團結，那麼我們就能夠在最高的層面上，在我們自身與自然的利他力量之間創造出平衡。

出於這種原因，這種力量也可在一切更低的層面上獲得平衡。因此，由於失衡顯現出來的一切消極現象——我們今天在每個層面上（無生命的、植物的、動物的及人類的層面）經歷的痛苦和匱乏——都將煙消雲散。

然而，當我們在那些比人類層面更低的層面上，讓自己與自然的利他力量實現平衡時，當我們糾正了自己對待無生命的、植物的或動物的層面的態度時，我們卻仍將體驗到那些層面上的不平衡。例如，如果我們充滿愛心地同無生命層面的一切事物打交道，不去毀壞土地，也不去破壞臭氧層等等，我們將在無生命層面創造出一種平衡。但在植物的、動物的及人類的層面上，那種失衡卻依然存在著。

由此可見，儘管自然的力量將會善待我們，可是它只能產生非常微小的、有限的變化。如果人們也能充滿愛心地在植物層面上對待自然，那麼這定然會增強那個層面的平衡。因此，我們將會感到我們的境況變得舒心一些，輕鬆一些。

同樣道理，如果我們也用一顆愛心去對待動物層面上的自然，它還會讓我們的境況更加有所改觀。

然而，與平衡人類（說話的）層面相比，前面所講的各個層面上的平衡都顯得微不足道。我們人類就是這個層面的存在。因此，那個必須被平衡的，就是內在我們的這一人類（說話的）層面。

這種情形可被比作一位以孩子處理問題的方式來對待人生的成年人，不顧他或她自己的才華和技能。他或她的這種表現，與自然對待每一個人的方式並不協調。要知道，自然會依照賦予他們每個人的進化潛能來對待他或她，即便他或她還沒有發揮出那些潛能。

自然渴望將一切都帶向平衡，而這只有當人們用利他的態度對待其他人及世間萬事萬物時，自然的這種渴望才能變為現實。

因此，那個促使著一切現有進程的平衡法則，也在鞭策著我們走向平衡，尤其是在人類的層面上更是如此。它不容許我們在更低層面上採用過著安全和輕鬆隨意的生活的做法。

因此，在我們在所有人當中創造出以利他主義為原則的團結之前，我們將會繼續經受自然力量對我們產生的消極影響。因為我們的感官將自然劃分成了不同的層面，所以我們還將繼續在現實的各個層面上製造危機。出於這種原因，當我們正在努力去應對一個問題，例如生態問題時，其他問題會從所有方面並且越來越快地顯露出來。

我們不能允許我們自己抱著這樣的幻想，認為可以為了逃避真正的問題——也就是改正人們之間利己主義的相互關係，而只讓自己忙於應對自然的更低層面的危機和問題。

整個自然都依賴且只依賴於我們糾正我們的利己主義的關係。如果我們真的想改善自然的話，那麼在我們的個人關係上多下工夫才是一條真正的出路。

人類是所有存在物中唯一的其本性賦予了人類自身擁有自由選擇的機會；而這種選擇只存在於糾正人類關係的層面上。自然在所有層面上的全面平衡，只取決於我們實現這種獨特的自由選擇機會。

這個世界上發生的所有事情都只取決於人類。這正是《光輝之書》在 Zohar, Vayika, item 113 中所解釋的：

「世間萬事萬物都是為人類而存在，所有事情也都是為人類而發生的，為的就是幫助我們同其他人和其他的萬事萬物建立起正確的關係，並由此獲得自然的利他主義品質。而這將會使世界存在的一切問題得到最終解決，這樣，整個自然都會以一種改正的正確形式存在於和諧和完美之中。」

卡巴拉學家庫克在他的手稿（p. 170）中，用下面這段話描繪了這種狀態：

「那個創造和管理著萬物的力量把一切都執行得非常完美……然而，這之中卻有一小部分缺乏改正，而且，對它的完善決定了整個創造的完善。那一小部分有待改正的就是人的靈魂，改正在於它的願望的形式以及它與精神的模仿。自然將這一部分改正的使命賦予給了我們人類，我們必須自行有意識地去改正，通過這個改正，整個創造物都會變得完美，並且藉此完成整個的創造過程。」

——卡巴拉學家庫克

在本書所講述的那些自然法則，正是卡巴拉學家們在全面研究自然的全部之後發現的那些向我們隱藏著的法則。它們向我們指明了如何去解決我們的生存所遇到的所有問題。它們無法被證明，但它們可以用一種合理的、有說服力的方式被解釋。最終，在一切都被解釋清楚之後，就由每一個人來決定是否接受它們。

之所以會是如此，是因為自然想讓我們保持我們自己的獨立性，讓我們保持我們自己的自由選擇的能力：是否想竭力找到我們究竟在哪兒偏離了自然的法則。因為正是這種偏離致使我們覺得自然對我們產生的影響是消極的。

如果出現在我們眼前的事情都像板上釘釘的事實一樣清楚明瞭無可爭議的話，那麼它就會剝奪我們這種自由選擇的能力，而這是我們實現人類層面的獨特潛能的唯一工具。我們將會因而會退化到動物層面，完全聽從自然的支配。自然之所以將我們安置在這種隱藏狀態中，就是為了讓我們能夠借助我們自身的努力去彌補它，並在我們內心建立起那個完美的人類層面。如果我們能夠很好地利用這個自由選擇的機會的話，那麼我們必將獲得成功。

6 通往自由的道路

我們每個人都覺得自己是單獨的一個人，是一個與眾不同的、能夠獨立行為的個體。許多世紀以來，人類一直在為獲得一定程度的自由而鬥爭著，這並不是巧合。自由的概念涉及所有創造物。我們可以看到，當動物被捕獲，牠們的自由被剝奪時，牠們遭受著多麼大的痛苦。這就是自然不同意它的任何創造物被奴役的見證。

然而，我們對自由概念本身的理解卻相當模糊。如果我們深入地去檢驗它的話，我們會發現我們幾乎沒有任何自由可言。因此，在我們要求獲得個人的自由之前，我們必須設想每一個人都已經真的知道自由，和對自由的渴望究竟是什麼。但首先也是首要的是，我們必須看一看個人甚至是否有出於自由意志去行動的能力？

人生就是一場無休止地去尋找更加美好的生活的戰爭。我們是否曾問過我們自己這樣的問題：我們究竟控制著什麼？我們沒有掌控什麼？很可能的是，在大多數情況中，事情早在開始時就已被安排好，可是我們卻繼續表現得就像事情的進展過程依靠我們一樣。

自由的概念就像是一種自然法則適用於所有的生命形式。這就是為什麼每一種生靈都渴望自由。然而，對於哪些行為我們可以自由地做出選擇，哪些行為只是給了我們一個自由選擇的錯覺，自然並沒有給我們提供任何資訊。

因此，自然將我們置於一種完全無助的、不確定的狀態之中，並讓我們因我們無法改變任何一切而感到希望幻滅，無論是在我們內部還是總體上的人生。自然之所以那樣做，為的是讓我們停止人生的賽跑，並停下來認真思考一下這樣一個問題：「我們到底能影響什麼？」如果我們知道是哪些元素塑造了我們的內心世界和我們的外部世界，那麼我們就能夠明白自然到底容許我們在哪兒主宰我們自己的命運。

快樂與痛苦

快樂與痛苦是自然藉助它們來操控我們的生命的兩種力量。我們的內在本性——追求快樂的願望——迫使我們依照一種預先設定好的行為模式：用最小的努力換取最大的快樂。因此，我們被驅使著選擇快樂、逃避痛苦。在這一點上，我們與其他任何動物之間沒有區別。

心理學認知到可以改變每個人的優先考慮事項。我們可以被教會用不同的方式去計算收益率。我們也可以透過頌揚在每個人心目中的某種未來，以便讓他或她同意為了獲得這種未來的獎賞而經歷現在的苦難。

例如，我們願意付出十年寒窗之苦，去學習某種專業技能以便將來能夠賺到更高的薪水收入，或者獲得一個令人羨慕的位置。這些都只不過是利益率算計的結果。我們計算著花費多少努力能夠給我們帶來多少可能的滿足，如果我們計算出的結果是快樂有所盈餘的話，那麼我們就會透過行動去實現它。我們就是這樣被造就的。

人與動物之間的唯一區別就在於，人可以期待一個未來的目標，而且為了獲得這個未來才能獲得的回報，同意現在經歷一番艱辛與困苦。如果我們對某個特定的個人進行深入細緻的檢驗的話，我們就會發現所有行為都源於這種計算，而且實際上，那個計算也是他不由自主地做出的。

儘管這個追求快樂的願望驅使我們逃避痛苦，選擇快樂，但我們卻甚至不能選擇我們真正想要的快樂的種類是哪一種。這是因為到底「什麼能給我們帶來快樂」的決定權，並沒有掌握在我們自己手上，而是被其他人的願望影響著。每個人都生活在一個獨特的法律與文化的環境之中。這些因素不但決定著我們的行為規範，而且還影響著我們對待人生的各方面的態度。

實際上，我們並沒有選擇我們的人生道路、我們的興趣領域、我們的休閒活動、我們吃什麼樣的食物或我們追逐的衣著時尚。所有這些都是根據我們所在的社會的興致與喜好被選擇的。

更甚的是，並不一定是社會的更好的部分決定著選擇，很多時候反倒是社會的更大影響的部分決定著選擇。其實，我們都被自己生活在其中的那個社會的舉止和偏愛所束縛著，它們成了我們的行為準則。

贏得社會的讚賞是我們從事每一件事情的動機。哪怕我們想變得與眾不同，想做某件以前從未有人做過的事情，想購買別人都沒有的東西，甚至想避開塵世的喧囂，一個人清靜地過起隱居生活時，我們這樣做也是為了得到社會的認可與讚許。諸如「他們將怎麼議論我？」、「他們會怎樣看我？」之類的想法，對我們而言是決定我們行為的最重要的因素，儘管我們傾向於否認並抑制它們。畢竟，聽從於他們似乎意味著消除了我們的「自我」。

選擇從何而來

前面講了那麼多，如果有的話，我們在哪兒找到自由選擇呢？為了回答這個問題，我們必須首先瞭解我們自己的本質，弄清楚哪些因素構成了我們。卡巴拉學家耶胡達·阿斯拉格於 1933 年在他的《自由》一文中解釋說，對於每一個物體及每一個人而言，都有四個要素決定了它們。為了闡述這些因素是什麼，他借用一顆小麥種子的生長過程做為例子。這是一個很好的例子，因為我們很容易追蹤它的生長過程，這有助於我們理解整個的概念。

1. 第一物質——我們的內在本質

第一物質就是每個物體內在的固有本質。儘管它可能以不同的外形表現出來，但它本身卻是永遠不改變的。例如，當小麥的種子在土壤開始腐爛蛻變時，它原來的外形完全喪失了，一個新的麥苗仍然從它的內在本質中生長出來。第一因素、本質、根基、我們的遺傳密碼，從一開始就存在於我們的自身之內。因此，我們無法改變它或影響它。

2. 不可改變的品質

這個本質的進化法則是永不改變的，並且源自於它的每個物種的品質也不可能改變。比如，一顆小麥的種子除了長出小麥之外，永遠也不可能長出其他種類的糧食；它只會生長出小麥已經失去的以前的形狀。源於它們的這些法則和品格是被自然預先設定好的。每一粒種子、每一種動物及每一個人都內在地包含著其本質的進化法則。這是構成我們的第二要素，而且我們也無法對它們施加影響。

3. 可以透過影響環境來改變的品質

雖然種子仍然是同一種類的種子，然而它的外形卻可以根據外部環境的影響而發生變化。用其他話來表達，在受到外在因素及所限定的規則的影響時，實質的「外殼」在其品質上將會有所改變。

外部環境的影響，會給實質增加更多的元素，它們一起為那個同樣的本質製造出一種新的品質，這些元素可以是太陽、土壤、肥料、濕度及雨水等等。它們決定著新的麥子在成長過程中所遇到的困難，也決定著新麥子的產量和品質。

如果我們不是拿一顆麥種做例子，而是拿一個人來做例子，那麼這些外部環境因素可能是家長、老師、朋友、同事、書籍以及這個人能從媒體中得到的資訊。因此，第三個要素就是這樣一些規律，透過它們，環境影響著每一個個體，並且在那些能夠改變的品格上誘發了變化。

4. 影響物體的環境的變化

影響小麥生長的那種環境本身是受外部因素影響著的。這些元素能發生劇烈的變化：比如，可能會有乾旱或洪水出現，導致種下的所有種子都被曬乾或腐爛。對於人來講，這第四種要素包含了環境本身的變化，而這種變化隨後會改變環境影響一個人內在的那些可以改變的品質。因此，這四個要素決定了每個物件的總體成長狀態。這些要素決定了一個人的性格、思維模式和推理過程。它們甚至決定著一個人渴望什麼，以及他在任何特定時刻會如何行動。卡巴拉學家耶胡達 阿斯拉格在其文章《自由》中，詳細論述了每一個要素，並得出如下結論：

1. 人無法改變自己的遺傳密碼，也就是一個人的本質；

2. 人無法改變那些他的本質演變所要借助的法則；

3. 人無法改變那些當外在因素影響他的發展時所要借助的法則；

4. 但是，人可以改變其所處的而且他又完全依賴的環境，並且選擇一個更有利於自己實現人生目標的環境。

換言之，我們無法直接影響我們自己，因為我們的本質和它演變的方式不是我們自己能夠決定的。我們也無法改變環境影響我們的法則。然而，我們卻能通過改善我們的環境來影響我們的生活和我們的命運。由此可見，我們擁有的唯一的自由選擇就是選擇正確的環境。如果我們能夠通過引發周圍環境的變化，從而改善了我們的環境，那麼，我們就將改變環境對我們內在那些可以改變的品質的效果，進而改變我們自己，決定我們的未來。在自然的所有層面上——靜止、植物、動物、人類層面——只有人類才能有意識地選擇一種可以決定其願望、思想和行為的環境。

因而，改正的過程建立在個人與環境的關係的基礎之上，如果我們的環境包括了一個適於我們成長的基礎元素，那麼，我們就能借助環境獲得美妙的結果。

7 實現我們的自由選擇

如果我們概括一下規劃設計了我們人生的四個要素，我們將能看到我們被兩種資源所控制著：我們內在固有的因素，以及我們在人生的旅途中從所處的環境中獲取的資訊。

有趣的是，科學也得出了類似的結論。自 20 世紀 90 年代起，行為遺傳學領域有了長足的進步。這一科學領域探尋一個人的基因與人的個性，以及人類認知與行為特徵（如易怒、喜歡冒險、害羞、暴力及性慾）之間的聯繫。

理查·阿布斯泰因教授就是這一領域的首批研究人員之一，他在以色列的赫爾佐格老年精神病醫院研究部門擔任主任。阿布斯泰因教授聲稱我們大約 50%的特性是由基因決定的，而其餘的 50%則由環境決定。

由於我們無法改變我們內在的先天結構，所以我們必須將目光轉移到我們發展所依賴的第二因素——也就是我們所處的環境上。為了在實現我們人生目標的道路上闊步前進，我們能做的唯一事情就是選擇一種能夠激勵我們朝著人生目標奮進的環境。

卡巴拉學家耶胡達·阿斯拉格在其文章《自由》中解釋說：

「因此，那些一直致力於選擇一個更好環境的人，是應該得到讚揚與回報。但即使在這裡，它也並不是出於他或她自己的良好的

思想和行為，因為它們的出現也不是由於一個人的選擇所致；而是因為這個人在獲得一個良好的環境時付出的努力，是這個環境帶給了那個人那些良好的思想和行為。」

那些努力選擇並創造一個有利於最佳發展的環境的人們，能夠實現他們個人的最大潛能。理解該原理需要相當的意識，然而，如今已經有許多人已經獲得了這種意識。

如果我們希望將自己的態度從利己主義轉向利他主義，那麼我們必須將自己提升到這樣一種狀態：也就是關心他人的福祉的願望，以及與他人團結為一體的願望，要遠比任何一種利己主義的願望更為強烈。而這只有當我們所處的環境的價值觀肯定利他主義是一種至高無上的價值觀時，這種情況才會發生。

我們從開始就被創造成為一種社會性的、利己的動物。因此，沒有什麼能比我們周圍那些人對我們的評價更為重要的了。事實上，我們人生的目的就是得到社會的認可與讚揚。我們完全不由自主地被社會觀念所左右和控制著，為了得到社會的讚賞、認可、尊重和聲望，我們願意做我們所能做的一切。這就是為什麼一個社會能將價值觀和行為規範灌輸給其成員的原因。

社會還能為我們設立判斷標準，讓我們借助它來衡量我們的自尊與自重。因此，甚至當我們獨處時，我們依然會按照社會規範去行為。即使沒人會知道我們的所作所為，我們也出於自我欣賞而照樣依照社會規範去行為。

為了培養關心他人的願望，增強同他人作為一個單一體系中的部分而團結起來的願望，我們必須生活在一個支援並推崇這類願望與渴求的社會當中。如果生活在我們周圍的人們將利他主義置於至高無上的位置，那麼我們每個人都會自然地去遵守它、接受它。

理想的狀況應當是大力宣導：「與自然保持平衡，善待他人，善待你是其中一部分的單一體系。」當對利他主義的渴望成了我們周圍環境的主旋律時，我們就將從中自動地接受到這種價值觀。如果我們無論走到哪裡，我們都會遇到對利他主義的提醒和尊重的話，那麼我們對待他人的態度也會相應發生變化。漸漸地，我們越多地考慮它，我們就越想成為自己身在其中的這個統一體的健康的組成部分。

環境可以被比喻為一台能將我們帶到更高處的升降機。我們實現人生目標的第一步，就是思索並尋求最適合於支援那些人生目標的環境。在我們所選擇的環境的積極作用下，我們必將邁著堅實的步伐走向既定的目標。

正如我們前面所講的，思想的力量是自然界中最強大的力量。因此，如果我們渴望生活在一個更好的環境中，那麼我們的內在力量將引導著我們走向一個我們能夠發展的環境。我們越多地考慮改善我們的環境，我們就越有可能將它變為現實。

如果我們的環境中生活著尋求與自然保持平衡的人們，那麼我們將能夠以他們為榜樣，而且他們將會激勵我們，為我們提供能量。這些人將明白我們渴望用愛心對待他們，而且將幫助我們學會如何做到這一點。

因此，借助在他人身上進行的「實踐」，我們將領會到與自然的力量變得相同的含義是什麼，而且能夠感覺到置身這種關愛之中是多麼的美好。在這樣一種環境中，我們會感到自己受到保護，生活幸福，無憂無慮。這正是自然在引領人類去實現的生命存在方式。

仿效自然

我們可以透過認識到所有的人都是一個單一體系的組成部分，而去努力關心他人，與他人團結，我們可以這樣開始獲得自然的愛與給予的品格。當然，這仍稱不上是一種內在的利己主義的改正，但它確實是這個改正過程的第一步。

我們實際上可以像孩子仿效父母一樣去仿效自然。即使孩子並不懂得自己的父母在做什麼，但孩子之所以仿效父母，是因為他們想成為父母那樣的人。比如，一個小男孩看見他的父親用一把錘子在釘釘子時，便用一把塑膠錘子來模仿父親的動作。靠著這種做法，他漸漸獲得了父親具有的知識。如果我們努力仿效自然的愛與給予的品格，那麼這種仿效將為我們樹立一個高於我們自己的仿效典範，而我們也會開始渴望在我們的內在特性上獲得這樣的品格。

對他人的福祉的關心，可能源於以下兩種動機：

1. 想得到社會的尊重與讚賞。

2. 真正地認同愛和給予他人的品格是至高無上的，遠比只欣賞一個人自己的品格高尚。

孩子在仿效其父親時，並不十分清楚他父親在做什麼。因此，像孩子仿效其父那樣去仿效自然，意味著只是出於第一種動機而非第二種動機，就去關心他人的福利。這樣一種仿效是發展與成長機制的基礎，沒有它，我們就無法存在。

起初，我們關心他人只是為了獲得社會認同所帶來的快樂。然而，漸漸地，我們開始感到，這樣一種無私的、利他的待人的態度，無論它能帶來怎樣的社會尊重，它本身就是一件非凡的崇高行為。

當我們真正開始感覺到自然力量本身是一種無限的完美的力量的時侯，我們將會發現無私的、利他的對待他人的態度是一個完美的源泉，是無限的快樂之源。

換句話說，透過努力去仿效自然的力量，我們將開始感覺到完美就存在於自然的品格本身之內。這種感覺會引發我們內心的內在變化，我們會慢慢意識到那個愛與給予的品格，要比我們內在的本性品格高尚、崇高的多。進而我們開始渴望獲得這些品格。

借助這種方式，我們將從我們被創造的那個原始層面逐步上升到一個更高的層面——直至自然的力量本身的層面。我們將被整合在它的和諧與完美之中。而這正是自然的進化法則正在引領人類將要到達的狀態。

一個新的方向

就在一個人開始使自己與自然的力量達到平衡的那一刻，自我改變的壓力隨即減輕了。這樣，一個人生活中的消極現象也隨之減少。實際上，從自然的角度來看，這個宏偉的計畫絲毫沒有改變；唯一變化的還是這個人。因此，這個變化本身給這個人帶來這樣一種感覺：自然的力量的影響已經改變。

然而，我們人類被創造成這樣一種方式，以致於我們總是覺得我們外面的事物在發生變化，而不是我們自己。這也是現實在人的感官和大腦中被感知的方式。

然而，實際上自然的力量是永遠恆定不變的。如果我們變得與它一樣，我們就會感到完美。反之，如果我們與它完全相反，我們就會覺得這種力量完全與我們作對。在這兩個極端中間，我們感覺到那些中間的階段。

時至今日，我們與自然的利他力量之間的矛盾，還沒有達到百分之百地相互對立的地步，因為我們的利己主義還未增長到其最高程度。

這意味著我們現實生活中碰到的消極情況尚未達到其最壞的地步。順便講一下，這也是為何我們人類還有一些人並沒有感到這個世界正在面臨的普遍危機的原因所在。

但我們的利己主義每天都在增長，它們讓我們與自然之間的對立越來越加劇。為了讓我們避免遭受這種對立所帶來的痛苦，我們應當開始努力去獲得那個無私的、利他的品格，從而改變進化的進程。而且我們應該立刻就開始這樣去做。

當我們這樣做時，我們將立刻感覺到各個存在層面做出的有利的回應。比如，讓我們假定某人有個表現很差勁的兒子。這位父親認真地與兒子交談，設法勸說他改變自己的所作所為。

最終，他們同意將這個孩子以往的過錯一筆勾銷，從現在起一切重新開始，做父親的答應不再用以往的眼光看待兒子，而兒子也答應表現得更好一些。如果在第二天這個小男孩的言談舉止有所改進，哪怕只是朝著好的方向有了一點點的進步，他父親對他的態度將立刻變得更好。

因此，一切事物都不應該根據結果來衡量和評判，而是應該按照發展方向來衡量和評判。

當越來越多的人對改正人際關係表示關心，並將這種待人的態度（正是由於它決定我們的人生）看作是最重要的事情時，人們的這種普遍憂慮將會變成影響社會所有成員的輿論。

由於我們之間存在著這種內在聯繫，世界各地，甚至那些最荒涼之地的每一個人將同時開始感到他們與其他所有人的密切聯繫，而且依賴著他們。人們將開始考慮他們之間及和全人類的這種相互依存。

不同的科學，主要是量子物理學，證明了一個元素的變化影響著其他的元素。歐文・拉斯羅教授在他的著作《混沌之點：處於十字路口的世界》中，描述了在當今量子物理學中習以為常的實驗。

這些實驗表明，粒子實際上「知道」其他粒子發生的情況，彷彿有關其他粒子發生變化的資訊即刻「跨越」了每一個距離。

今天，物理學承認粒子之間存在著不斷的互惠互利的聯繫，即使它們被時間與空間所分離，這種互惠聯繫依然存在。宇宙間的所有結構——從最微小的結構到最偉大的結構——都存在著這種現象。

因此，當今的科學正在發現，一切事物的發展演變過程都在於其基因中並受到環境的影響。這些發現有助於我們從下面這樣的錯覺中「清醒過來」：「我決定並控制著」及「我檢驗並確定」。

這為我們發現真正的自由開啟了一個真正的良機。我們可以透過創造一種有助於像孩子學習成人那樣去仿效自然的環境，來擺脫我們的自我對我們的奴役，並獲取自然的利他主義的品格。

那些最偉大的研究人員已經而且一直都知道，當我們變得更加聰明時，我們將發現隱藏在自然中的那種奇妙智慧。我們所有的發現合併起來會讓我們意識到，我們只不過是那個存在著的深不可測的智慧的一個分枝。當我們走向成熟，並準備好接受這種智慧時，這個智慧的大門便會向我們敞開。

用阿爾伯特　愛因斯坦的話來講：

「我的宗教包括了對那個無限的至高無上的精神的謙卑的仰慕，這種精神只為我們展示了他自己借助我們那個微薄渺小的頭腦能夠感知到的微小部分。我對在這個浩淼無邊深不可測的宇宙中所展現出的那個超級的、思考的力量的存在的深深的情感篤信，形成了我的上帝觀。」

（摘自 1955 年 4 月 19 日《紐約時報》刊登的他的訃告）

8 萬事俱備，去實現生命的目的

人類的進化

今天的社會是一個利己主義的社會。然而，它也已經做了足夠的準備，以便它轉變為一個利他主義的社會。事實上，人類一代一代地進化直至今天，為的就是我們這一代人能夠準備好去實現生命的目標。

「卡巴拉學家耶胡達·阿斯拉格在他的文章《和平》中是這樣描述人類進化的，『……在我們的世界，雖然身體隨著嬰兒出生而不斷更新，卻並沒有增添任何新的靈魂。有的只是一定數量的靈魂沿著進化的車輪不斷轉化著形式。由於它們每一次都穿在一具新的軀體上，一代又一代地向前進化著。』因此，當談及靈魂時，自人類被創造以來一直到其改正過程結束時，所有的世世代代實際上都是同一個共同靈魂，這個共同靈魂已經延續幾千年，直至其自身發展到被改正並達到該靈魂應該達到的完美狀態。」

在一代接著一代的進化交替過程中，靈魂一代代地累積著數據，最後將我們帶到我們目前的這個進化階段上。人類在經歷漫長的進化之後，最終應該上升到一個嶄新的層面，我們可以將其稱為「得到改正的人類層面」。

為了理解在我們之前的一代又一代人的進化的影響，我們可以將我們內在的資料比作資訊單元。這樣的資訊單元存在於現實中的每個物體之中，並且也包含著所有事物的內在資料資訊。

實際上，我們生活在一個包含著大量的有關所有以及每一個特定元素的資訊海洋中。這是一個被稱為「自然的思想」的資訊場，而且我們就存在其中。在任何一個元素中發生的任何變化，比如為維持其現狀所做的努力、從一種狀態到另一種狀態的轉變、作用於它的力量、它作用於其他元素的力量、內部的變化、外部的變化，所有這些都是在這個資訊場中發生的變化。

在每一代人中，人們都在努力尋求一種平衡的生存與更好的生活的公式，自然並沒有將這個公式賦予人類。這些尋求都以紀錄的形式被加進他們內在的資料庫裡，就這樣，這些資訊單元得到日漸完善。

我們在每一代人中為追求更美好的人生而不斷地努力的過程中，所獲取的一切知識和見解，都變成了下一代人的自然傾向。因此，每一代人都比其前一代人更加進化。

我們都看到，孩子們總比自己的父母更能適應新生事物，儘管這些新生事物實際上是他們的父輩們發明出來的。比如，今天的孩子與其父母相比，能夠非常自然地接觸諸如手機、電腦之類的東西，而且只需花很少的時間便可比其父母們更好地去操作它們。

由此可見，人類在一代一代地獲取知識與智慧，不斷地進化著，就像一個累積了數千年經驗的單個人一樣。在《最後一代》這本書所發表的手稿中，卡巴拉學家耶胡達·阿斯拉格對這種累積過程做了如下描述：

「一個人的觀點就像一面鏡子，所有的畫面，以及有益的、有害的行為都接受在其中。一個人對所有那些接受到的東西進行認真檢驗，選擇那些有益的行為，摒棄那些有害的行為（並將它們記錄在被稱作『記憶大腦』的地方）。比如，一位商人遵從在自己的『記憶大腦』儲存的所有經商之道，包括自己從商過程中經歷的賠本的教訓和原因以及贏利的經驗和原因。這些經驗在一個人的頭腦中被安排得就像一面試衣鏡一樣，靠著這面鏡子，這位商人能檢驗選擇有益的並放棄有害的行為，直到他變成一位善於經營的成功商人。對每個人的人生經歷來說，道理也是同樣的。按照同樣的原理，在我們的社會中，公眾有著一個共有的大腦以及一個『記憶大腦』和共同的影像；所有那些涉及公眾及全人類的一切行為，都被記錄在那裡。」

在我們內部的內在資訊單元的進化，將我們一點點帶到了一個逐漸意識到我們與自然的力量是如此的背道而馳的初級階段。因此，我們開始願意傾聽有關我們為何以這種方式被創造的解釋。此外，我們也逐漸變得能夠明白那個我們必須要達到的目標。

對於目前的生命狀態，我們許多人都感受到的那個在我們很多人內心中敞開的內在的虛空和鴻溝的出現並非巧合。它們的出現是因為我們心中浮現了一個新的渴望——渴望人類上升到一個更高的存在層面，也就是那個「改正的人類層面」。這是一個我們能夠有意識地朝著實現生命的意義的方向邁進的一個進化階段。

社會到達利他主義的手段

建立一個無私利他的社會的倡議必將得到公眾的廣泛支持，因為我們每個人都喜歡將自己看作是一個樂善好施、扶危濟困的好人。我們就是這樣被創造的。從理論上講，沒有什麼會阻止我們宣稱我們天生都是根本不顧為他人著想的利己主義者，然而，我們中沒有一個人會為他或她的利己主義感到自豪。

社會很自然地會讚賞那些為社會做出貢獻的人。因此，每個人都會努力去讓自己成為人們心目中對社會有貢獻的人。每一個人、每一個社會、每一位公眾人物或者每一個政府都想將自己樹立成一種大公無私的形象。

此外，沒有哪個人會鼓勵別人成為自私自利的人，因為那樣做會對他自己不利。出於這種原因，甚至連那些最自私的人都會將自己裝扮成大公無私的人，他們這樣做不是為了贏得社會的讚許，而是為了從他人的利他主義行為中獲取利益。

儘管確實有一些特別的另類人士宣稱他們就是利己主義者，可是他們這樣做並不是想表明他們為有損於社會而感到驕傲，而只是想說：「看看我，我是多麼特殊！」他們進行這類炒作，只是想贏得社會的關注而已。

由此可見，沒有人會公開反對在這個世界宣導利他主義。雖然，有些人將會更加積極主動地支持利他主義，而有些人做起來會有些被動和勉強，但是，沒有人會反對它。

在內心深處，我們都清楚地知道利己主義在扼殺一切，而利他主義則是一種能夠帶來生機與活力的積極因素。這就是為什麼我們在教育自己的孩子多為別人著想，即使我們自己是自私自利之人的原因。

新一代自信、幸福的孩子

我們每個人都在努力將最好的謀生工具交給自己的孩子。這就是為什麼我們都在本能地將他們培養成無私利他的人。實際上，對年輕一代的教育，總是建立在利他主義價值觀的基礎之上的。

我們之所以會培養孩子善待他人，是因為我們潛意識地知道待人不善的惡人最終會得到傷害。我們想給孩子創造一個安全的環境，但只有藉助利他主義的教育體系才能獲得成功。

由此可見，一個人的信心並非取決於個人，而是取決於其賴以生存的環境。因為一個人所處的環境反映了一個人對待環境的態度，降臨到我們身上所有傷害都來自環境。然而，透過提倡利他主義價值觀，我們就會提高社會不傷害我們的機率。

縱觀人類整個歷史，每一個國家、每一個社會都在想將利他主義的價值觀灌輸給它的孩子們。只有極少數勢力非常大的個人，比如那些他自己的軍隊準備好了維護他自己稱霸世界的慾望的獨裁者或暴君，才會教育他的孩子要待人兇殘，不為別人著想，不要有慈悲之心。但這種人的孩子需要得到強大的外力保護才可能生存。他們不得不提防其他任何一個人，用窮兵黷武的辦法來保護他們自己。但人類歷史非常清楚地告訴我們，他們的下場都很悲慘！無一例外。

對待他人的良好態度，能讓人產生一種獨一無二的安全、平靜、祥和的感覺。出於這種原因，我們都在想方設法幫助自己的孩子樹立這些價值觀。但是，這對我們來講要非常注意的一點是，我們的孩子看到我們自己並不是以教育他們的這種方式對待他人時，他們也會變得和我們一樣自私自利。

適當的教育是建立在良好的榜樣的基礎之上的。我們大人是在給孩子們樹立一個無私待人的榜樣嗎？答案可能是否定的，儘管在他們年幼之時，我們確實努力要將他們培養成一個大公無私的人。

但是，孩子們如果看到自己的父母卻在「說一套，做一套」，便會覺得父母的話很虛假。在這種情況下，無論父母花多大力氣去教育自己的孩子做一個堂堂正正的無私之人，到頭來都會是竹籃子打水一場空。

我們今天面臨的全面危機以及危險重重的未來，都迫使我們做出某種改變。可是到目前為止，雖然，我們一直都在教育我們的孩子去善待他人，但我們自己卻未能踐行這一忠告。

現在，我們已經別無選擇，我們必須改變我們這種自私自利的待人態度。

隨著越來越多的人開始做出利他主義的舉動，我們的孩子所面對的現實將會改變，他們將輕鬆掌握那些我們難以理解的道理。

他們將認識到我們全人類連同整個宇宙都是一個單一體系的組成部分，因而我們之間的關係必須是利他的。對我們的孩子及對我們自己來說，沒有什麼能比我們以利他主義態度對待他人更好的了。

利己主義者和利他主義者

有些人生來就愛幫助別人。這是人類為完成那個改正過程而做的特別準備。通常情況下，這種同情別人的能力能夠讓我們在與別人的交往中獲得更大的快樂。

然而，有些人感受他人的方式卻不一樣。他們實際上能夠感受到別人的痛苦，彷彿這種痛苦就是他們自己的痛苦一樣。因此，他們被迫去竭盡全力幫助別人——在幫助別人的同時也緩解他們自己的痛苦。這些人是「利己的利他主義者」。

簡而言之，我們稱他們是「利他主義者」，儘管他們實際上與那些不能感受到別人痛苦的利己主義者一樣，也是以自我為中心的利己主義者。

利己主義者不會為別人遭受痛苦而感到痛苦，所以，他們可能會隨意剝削利用他人。然而，利他主義者則確實會為別人遭受的痛苦而感到悲傷，因此，他們對自己的言談舉止都很謹慎，甚至不會說出傷害別人的話。

這兩種人都是從自然那裡得到各自的內在傾向的，因此，他們的這些差異並不能反映出是「好人」或是「壞人」，而只是反映出一個人對自然支配的服從而已。

理查·阿布斯泰因教授在他的行為遺傳學研究中發現，透過改變一定的基因序列來影響一個人善待他人的能力是可能的。研究者們假定對利他的行為存在著一種獎賞，這種獎賞以一種被稱為「多巴胺」的化學物質來表現。「多巴胺」在受益人的大腦中分泌出來，它能夠給人帶來一種快樂的感覺。

在《最後一代》這本書中，卡巴拉學家耶胡達·阿斯拉格談論了他的社會學說，描繪了改正後的未來社會的情景。此外，他還解釋說，世界上大約10%的人是這種天生的「利己的利他主義者」。

因此，人類一直都是由90%的利己主義者和10%的利他主義者組成的。利他主義者們關心社會的福祉、在各個領域的互助、對弱者的救助等等。

實際上，利他主義者處理著那些社會缺乏關注事件或情況，這些事件或由於對他人的困境缺乏同情，或出於社會未能關注到的事情。但利他主義者卻想他人之所想，積極去解決這些問題，應對這些局面。

利他主義的機構和組織花費了大量的錢財，投入了巨大的精力，採用多種多樣的方法做著慈善事業。可是令人遺憾的是，對絕大部分而言，他們給予需求者的幫助並沒有為對方的境況帶來實質性的改變。

對非洲的援助就是這樣一個例子。過去，在西方國家涉足他們的生活之前，非洲人是可以自給自足的。然而，時至今日，儘管他們能夠獲得世界上許多國家慈善組織救濟的食品和水等等，但他們仍然要忍饑挨餓。

這些以他們的名義募集的大量錢財並沒有讓他們的境況有多大改觀；然而，整個非洲仍然處在持續的生存抗爭當中，而且許多國家正在快速地衰敗。

為了改善世界的狀況，利他主義的機構幾乎嘗試過了所有能想到的辦法。然而，世界的狀況依然在持續惡化中。儘管我們還能沿著以前的老路繼續走下去，但明智一點的話，我們最好還是靜下心來，認真反思一下我們為何在改善人類狀況方面至今未能取得成功。

經過精心思考之後的答案沉澱如下：世界上的一切問題，無論是個人層面的問題還是社會層面的問題，都源於人類與自然的失衡。在這種情況下，雖然，在物質層面上幫助他人可能會產生短期的收益，但從長遠來看，這些做法將不會成功，因為在物質層面的援助並不能提升人類走向平衡，因此，這樣不能在根源上解決問題。

當然，當人們饑餓的時候，應該有食物去填飽肚子。但與此同時，我們在幫助他們解決眼前的饑餓問題，並給他們提供生活的必需品之後，我們必須將注意力轉向提高他們的意識水準上面，幫助他們及早意識到生命的真正目標。

如果我們渴望給這個世界及我們自身帶來積極變化，那麼我們就必須重新檢驗我們對一個「利他主義的行為」的定義，讓它變得更為準確。對行為是好還是壞的判斷標準應該以該行為是否會在總體上給人類帶來真正的、根本性的變化來衡量，以該行為是否會從根源上消除人類的痛苦來判定。

這種情況可以用給一位患有嚴重疾病的人服用鎮靜劑，而不是想方設法去治療疾病的情況來形容。如果這樣做，病情不但得不到控制，還會不斷惡化，更可怕的是表面上看起來是在治療的假象，實際上卻是在拖延治療，這樣會耽誤治療並最終導致死亡。

如果我們採取的行動並不能消除產生問題的根源，那麼，這樣的行動就不能稱作是一種正確的行動，它反而只會將疾病延誤而以一種更加嚴重的形式發作。

只有當一個行為的目的意旨在平衡人與自然的利他主義的法則之間的相互關係時，如果它們能夠提高我們的意識水準，讓我們意識到無論種族或國籍是什麼，我們全部都是一個單一體系的組成部分，都是包含著全世界所有人的同一個整體的部分，這樣的行為才可被視為是利他主義行為。

利他主義行為指的並不是那些人們出於本能的幫助別人擺脫這樣或那樣的困境的慈善之舉。真正的利他主義行動，是指那些意識到我們迫切需要將所有的人，無論弱者還是強者，都納入到與自然的平衡之中來的行動。

由此可見，利他主義的善意和精力應當首先被引導到主要用來讓人類意識到為什麼我們會遭遇到這些問題，找出問題的根源和發現問題想將我們引領到哪裡，只有這時我們才能知道如何真正解決它們。藉助這種方式，自然以「整個社會佔10%的利他主義者」這樣一種形式提供給我們的幫助才會被明智地利用起來，而且他們的偉大潛能才可以被實現。

這種90%的利己主義和10%的利他主義這種比例的劃分，不僅存在於做為一個整體的人類，在每個人自身當中，也可以發現這種比例。現實的一個主要法則就是「個體與整體是同等的」。

這個法則意味著無論在整體上存在什麼事物，它也會存在於這個整體的每個組成部分之中。

正如邁克爾・塔爾伯特在他的著作《全息的宇宙》，一本薈萃全息術領域科學發現的文集中所講到的，宇宙是全息的。BaalSulam在他的文章《孕育與誕生的祕密》中，用下面這段話描述了同樣的法則：

「個體與群體就如同兩滴水滴一樣，在這個世界的外在部分（即行星的總體狀態）及其在它的內在部分兩方面都是同等的。這是因為我們即使在最小的水原子中也能發現和在浩瀚的宇宙中一樣看到的像太陽和圍繞著它而運轉的行星一起組成的同樣的一個完整體系。」

這一法則表明每一個人，無論其天生是利己主義者還是利他主義者，在他身上都包含著10%的利他力量和90%的利己力量，就像整個人類的劃分一樣。人與人之間的差異就表現在這些力量在一個人特別的內在的狀態上。

在一位利他主義者身上，這個（利己的）給予力量是活躍的；而在一位利己主義者身上，這個（利己的）給予力量是不活躍的。但在每個人的內心中都存在著一種給予的元素。

因此，沒有任何一個人天生就缺乏與自然的利他力量達到平衡的能力。畢竟，這就是我們被創造之初，自然將這些力量根植在我們內部作為開始的原因所在。

9 一個完整和無限的現實

「一個人的思想在哪裡，他就在哪裡。」——巴爾・舍姆・托夫

對現實的感知

一個人如果開始意識到本書到目前為止所講述的所有道理，如果開始認真思考自己也是那個涵蓋所有人的單一體系中的一部分，並且將這些知識傳達給其他人，並且營造一個能夠提供大力支持的環境的話，那麼他或她將會逐漸發展出一種強烈的、真正的想親身獲得自然的利他品格的渴望。

這條去獲得一個完全的給予願望的道路是一條充滿艱險的道路，而且這條道路會使那些選擇了這條道路的人們的人生充滿意義，並獲得無與倫比的滿足。

當那個對利他品格的渴望在一個人內心被完整建立起來時，他就能夠發現一個全新的現實。在我們描繪這種現實以及經歷這種現實的人們的感覺到什麼之前，我們必須先弄清楚「現實」是什麼，以及我們如何感知它。

這些問題可能聽起來有些多餘，因為似乎每個人都知道現實是什麼。現實就是我所看到的一切，比如我四周的牆、房子、人群、宇宙；

現實就是我能夠觸摸到和感覺到的一切，比如我們聽到的、嘗到的和嗅到的。這就是現實，難道不是嗎？

實際上，現實遠不只眼睛看到的、耳朵聽到的和鼻子嗅到的。縱觀歷史，那些最偉大的思想家們都將他們畢生的精力用於探索現實這一主題。在一個漫長的時期內，科學在對如何感知現實的方法上經歷了幾次里程碑式的轉變。

艾薩克・牛頓是傳統方法的主要支持者，這種方法強調宇宙是獨立存在的，不受人的左右。這個理論認為不論是否有人在感知世界，是否有人生活在世界上，宇宙都獨立存在著，而且它的形狀是固定的。

隨著時間的推移，在生命科學領域的發展使得科學家們可以藉助人類之外的其他生物的感官來檢驗這個世界。科學家們發現其他生物在以不同的方式感知著世界，對同一個世界的感知的世界畫面卻是不同的。

例如，蜜蜂感知的世界畫面是由每一個組成牠的眼睛的無數的單元所感知到的世界畫面的集合在一起後的畫面，因此蜜蜂眼中的世界就是由每一個單元所感知的圖像的總體疊加。而一隻狗所感知的世界主要是「各種各樣的氣味混合體」。

此外，阿爾伯特・愛因斯坦發現改變觀察者的速度（或改變被觀察物件的速度），在時空軸上便會產生一種截然不同的現實。比如，我們假設有一根柱子在空中移動。按照牛頓的說法，無論這根柱子的移動速度如何，它在觀察者的眼中都會呈現出相同的長度。而按照愛因斯坦的說法，當這根柱子的速度增加時，它在觀察者的眼中似乎正在不斷收縮。

這兩種新的發現激發了科學家的靈感，一種更為進步的感知現實的理論就形成了。這種理論認為世界的畫面取決於觀察者。具有不同品格及不同感官的觀察者所感知的世界各不相同。同樣，運動狀態不一樣的觀察者們也會觀察到不同的現實畫面。

在 20 世紀 30 年代，量子物理學在科學世界引發了一場革命。它確信觀察者影響著那個被觀察的事物。在這種情況下，研究者能問的唯一問題就是：「儀錶上真正顯示的到底是什麼呢？」看來，嘗試去研究所發生的客觀過程，或者設法發現客觀現實是什麼，這些都變得毫無意義。

量子物理學的發現以及其他研究領域的發現，共同形成了如何感知現實的當代科學理論：觀察者影響著世界，因此也影響著他或她感知的現實畫面。用另外的語言表達的話，也就是說，有關這個世界的畫面是一個觀察者的屬性與被觀察物件的屬性的綜合。

世界都在我們內部被感知

卡巴拉智慧的出現讓我們更是向前邁出了一步。數千年前，卡巴拉學家們就發現，實際上，並沒有世界的畫面之類的客觀事情存在著。「世界」只不過是一個人在其內心體驗到的一種現象，它反映了一個人的品格與外界的那個抽象的力量，也就是自然的力量，在品格之間存在的相似之處。

正如我們前面所講過的，自然的力量是一種完全的利他的力量。一個人的品格與外部自然的力量的品格之間類似性或非類似性的程度的衡量，就以「世界畫面」的形式將它表現出來。這樣的話，我們周圍的現實的畫面，完全取決於我們的內在品格，而我們完全有能力改變我們自己的內在品格。

為了更好地瞭解我們如何感知現實，我們可以將一個人比作一個具有以下五種感覺器官的封閉的盒子：眼睛、耳朵、鼻子、嘴巴和手；而它們分別代表五種感官：視覺、聽覺、嗅覺、味覺和觸覺。有關我們周圍現實的畫面就在這個盒子裡被形成。

讓我們拿聽覺機能做為例子，來看一看我們的感官是如何工作的。到達耳鼓的聲波在耳鼓的表面上產生震動，這種震動引發聽覺小骨震動。因此，電子信號被輸送到大腦，由大腦將其「翻譯」為聲音及話語。所有這一切測量活動都發生在耳鼓之內的地方，而我們所有的其他感官也都是這種相似的方式工作。

因此，我們其實並不是在測量我們自身之外的事情，而只是在測量外界刺激在我們的感官在我們自身內部產生出的反應。

我們能夠接收的聲音範圍，我們能夠看到的景象範圍，我們能夠嗅到的氣味，所有這些都取決於我們感官的敏感度。我們簡直就

被「封閉」在這個盒子裡，因此，永遠也不知道我們自身之外究竟發生著什麼。

我們的所有感官接收到的信號都被打包並傳送到位於大腦的控制中心。在那兒，接收到的資訊被拿來與我們記憶中的現存資訊進行比較，而且以前的印象也已經被彙集在那兒。這些資訊隨後便在大腦內的一個「螢幕」上被「投射」出來，展示出我們所生活的那個世界的畫面。我們就是這樣感覺我們在哪兒以及我們需要做什麼。

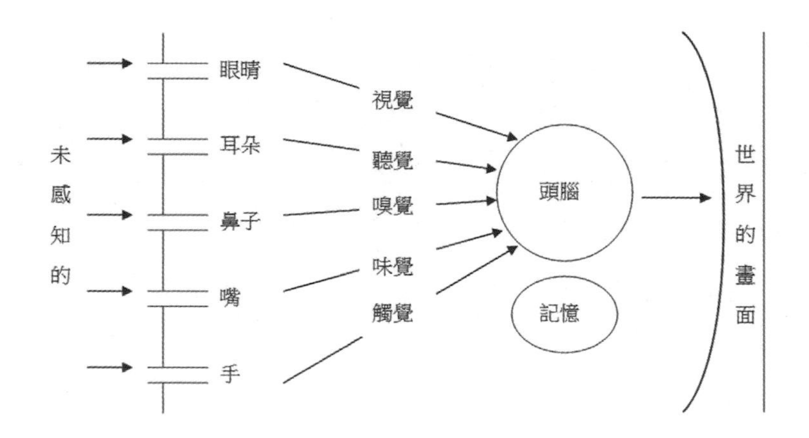

經過這個過程，那個圍繞著我們的未知世界就變成了這個我們表面上看起來已知的世界，就這樣，在我們的大腦內部形成了一個似乎是存在於外部的現實的畫面。但實際上，它並不是外部現實的畫面。它只是一個內在的圖像而已。

科學家們也早已瞭解了這些情況，而卡巴拉學家耶胡達·阿斯拉格在其《對〈光輝之書〉的導讀》一文中，是這樣描述它們的：

「拿我們的視覺做為例子：我們在眼前看到一個偉大的充滿著各種事物的燦爛的世界。可是實際上，除了在我們的內部看到這些之外，它們不存在於任何地方，這一切都是在我們內部看到的。換句話說，在我們的後腦有一種類似照相機的結構描繪了所有那些向我們展現的東西，而沒有任何存在於我們之外的東西。」

他指出，在我們的大腦中似乎有一種鏡子，它將我們在那兒看到的一切都轉化為一種好像所有事件都正發生在我們自身之外的感覺。因此，現實的畫面是我們感官的結構和那些在大腦中以前就存在著的資訊共同處理後得到的結果。假如我們還有其他的感官的話，那麼它們將創造出一副完全不同的現實畫面。很可能那些現在看起來亮的東西將會顯得黯淡，甚至會呈現為一種我們目前甚至無法想像的情形。

在那一方面，我們應該注意科學早就瞭解到，用電子脈衝刺激人的大腦產生同樣的效果是可能的。這些電子脈衝，連同那些在記憶中已經收集的資訊，讓人產生一種正在某個地方及處於某種境況的感覺。此外，如今我們還可以用電子機器等人造裝置來替換我們的感官。比如，助聽器設備的種類就數不勝數，其中既有幫助聽力困難的人的增音器，也有給完全耳聾的人植入的微小電極移植器官裝置。

人造眼也已經被開發出來，它利用植入病人大腦中的電極來發揮視覺功能。這種「眼睛」將透過將聽覺資訊轉化為視覺資訊，就是說它將聲音轉變為圖像。視覺康復的另一個發展涉及在眼睛內植入一個微小的相機，讓它用電子信號來取代穿越視網膜的光波。這些資訊隨後被傳送到大腦，在那兒，它們被「翻譯」為圖像。我們完全能夠應對這些健康方面的挑戰顯然只是一個時間問題，而且我們能夠拓展我們的感覺範圍，製造出人造器官，甚至製造一具完整的人體。

然而，即使到了那個時候，世界的現實畫面依然只是一副內在的形象。由此可見，我們所感覺到的一切，都只是在我們自身之內。它與我們自身之外的現實沒有任何聯繫。此外，我們甚至不能說是否在我們自身之外存在著一個現實，因為我們的「外部」世界的畫面實際上在我們的內心裡。

自然的計畫

我們對自然的觀察表明，為了生命的形成與延續，身體中的每一個細胞和整個體系內的每一部分，都必須無私地造福於它所在的這個身體或體系。目前，人類社會卻與這種情形大相徑庭，而這引發了這樣一個問題：「我們怎麼能夠存在？」身體內的一個利己的細胞會變成癌細胞，並導致其賴以生存的身體走向死亡。我們是同一個單一體系中的利己主義部分，然而我們卻依然活著！

問題的答案就是：我們現在的這種活著的狀態實際上並不能被解釋為「生命」。從某種意義上來講，人類的存在不同於自然其他任何層面的存在的關鍵點就在於人類的存在可以被劃分為兩個階段。人類存在的第一個階段就是我們目前所存在的這個階段。

我們覺得與其他人相互分離，因此我們可以不為他人著想，而且為了謀取一己私利而設法剝削利用他人。人類存在的第二個階段則是一個改正後的存在階段，在這個階段中，人們做為一個單一系統的組成部分發揮著各自的作用，而且他們處於一種相互關愛、分享、完美與永恆的狀態。

第二個階段上的人類存在可以被定義為「生命」。我們目前的存在只是一個過渡期，為的就是靠著我們自身的努力，最終達到那個改正的、永恆的狀態。因此，那些已經攀登到第二個階段的存在狀態的卡巴拉學家們，將我們目前的存在解釋為一種「想像的生命」或「想像的現實」。當他們回顧我們目前所在的第一階段時，他們就說道：「*我們就像那些夢中人。*」（*箴言 126：1《聖經》*）

起初，那個真正的現實如同和我們捉迷藏一樣是向我們隱藏起來的，我們無法自然地感覺到它。原因就在於我們依照自己的願望和內在品格去感知我們的世界。

因此，我們目前還沒有感覺到全人類是緊密連結的單一統一體，因為我們對這種彼此之間的關係的畫面天性很反感。我們與生俱來的利己主義的願望對這種關係不感興趣；因此，它不允許我們感知那個現實的真實畫面。

有一些深不可測的現實元素我們目前還無法感知到。我們的頭腦是為我們的利己主義的願望服務的，而且也相應地操縱著我們的感官。這就是為什麼我們無法感覺到那些被我們自私的願望視為無益的或那些在我們利己主義的框架內需要提防的東西。我們能夠感覺到的就是對我們是好或者不好的東西。我們的感官就是被以這種方式「編成」的，並相應地這樣去感知我們的現實的畫面的。

如果我們想正確地描繪現實的這幅真實的畫面，那麼，我們現在就必須將它反轉過來並嘗試去瞭解透過利他主義的願望的雙眼如何去感知現實的世界。假設我們現在就開始被「校正」，以便能夠感覺到什麼會對他人有益。

在這樣一種狀態中，我們將能從以前曾經注意到的事物中看到一副截然不同的畫面。我們以前所看到的那一切，現在看起來將會完全不一樣。卡巴拉學家們將這種情形描繪為：

「我見過的顛倒的世界。」（Talmud）

如果我們在內心形成一種想成為全人類的健康部分，向自然的利他力量變得類似這樣一種新的願望時，那麼，這將意味著一種嶄新的感覺體系應運而生，而且這體系與我們現在的體系是不相連的。這種體系將被稱作一個「靈魂」。

藉助這個靈魂，一個人將會感知到一幅全新的世界畫面，它是一副真實的世界的畫面。在那兒，我們全部都做為一個單一整體的組成部分緊密相連，並感受著永恆的快樂與幸福。

因此，讓我們將我們早些時候的人生的目標是「人們之間的團結（連結）」的定義再精煉地解讀清楚。我們現在看到，生命的目的就是有意識地、心甘情願地從這種想像的存在階段上升到那種真實的存在階段。我們必須達到這樣一個狀態：我們不再將我們現在所看到的一切做為現實，而應該看清真實的現實是什麼。

換句話説，我們目前所感知到的狀態，是一種在我們利己主義的感知工具中所想像出來的狀態（或者説在我們的感知工具目前處於利己主義狀態時，感知到的存在狀態）。

如果我們竭盡全力去推進這個改正過程，在我們內心建立一種對利他主義的渴望，那麼我們的感知工具將轉變為利他主義的工具。在這種利他主義的感知工具之中，我們將體驗到一種非常不同的狀態。

我們的真實存在狀態是一種永恆的狀態。我們全部都在同一個單一的體系中相互連接在一起，而且這個體系內的能量與快樂永恆地流淌著。在那種狀況中，存在的只有互惠的相互給予；因此，它那兒的快樂是無限的、完美的。相比之下，我們目前的狀況卻是短暫的、有限的。

我們目前對生命的感受，源自一滴非常微小的活力。這一滴活力從永恆的狀態中流出，滲入到我們的靈魂。這一點活力是自然的那個無所不包的利他力量的一部分，它穿透我們的利己主義願望，並在它們那兒存在著。並且維持著它們的存在，儘管這些利己主義願望與那個利他主義願望完全不同。

這一滴活力的使命就是在我們的第一個存在階段——這個物質存在層面——維持著我們的生存，直到我們開始感覺到那個真正的現實——精神存在層面。這樣看來，我們目前所擁有的這種短暫的人生，似乎是上帝賜予給我們的在一個特定時間內可使用的禮物，為的是我們可以把它做為達到那個真正的生命狀態的一種手段。

在那個真正的生命狀態中，我們對生命的感受將不再只是這一滴微小的活力，而是自然的全部力量，那個給予愛的力量。到了那個時候，這一力量將成為我們的生命力量。

這種精神的現實並不是某種在字母的物質意義上超越我們的狀態。它更是一種品格上的洞悟和甄別。從這個物質現實上升到那個精神現實的過程，就等同於將一個人的利己主義願望提升到利他主義的品格、提升到自然的愛與給予的品格的水準。

感受精神世界意味著感覺到我們做為同一個單一的體系的組成部分是如何相互聯繫在一起的，而且感覺到自然的一個更高階段。生命的目的就是當我們還以一具軀體的形式生活在這個物質世界的同時，在感受這個物質現實的同時，就攀登到那個精神世界，並體驗到那個精神的現實。

按照自然的計畫，人類在被創造出來的時候，只具備感知第一個想像的存在階段的能力，並這樣經歷了一個漫長的進化過程。在這種存在期間，人類累積著將累積觀察到的資訊和總結出的經驗，人類會逐步意識到這種利己主義的生活並不能給自己帶來真正幸福，人類需要上升到第二個階段，也就是「改正後的利他的存在」階段。現在我們面臨的這種在利己主義的進化過程中發生的危機將我們置於這兩個現實層面的轉換點上。

因此，我們必須將我們的這種存在時代視為關係到人類未來的一個關鍵時期。我們正處在一個走向完整的、永恆的存在的轉捩點上，而那個狀態正是自然預先設定的人類進化的頂峰。

或許現在就是我們應該解釋一下我們今天所渴望的快樂與那些已經獲得了自然的利他品格的人們所感到的快樂迥然不同的時候了。今天，我們想從感覺到自己與眾不同、從獨一無二、高人一等的感覺中獲得快樂。一個利己主義的願望只有在同以前所經歷的貧窮匱乏進行比較，或者與他人存在的欠缺進行比較時，才能讓自己在這類比較之中產生一種優越感，方可讓自己的私慾得到滿足。

提供這種方式所獲得的快樂需要持續不斷地快速更新，因為就像我們在第二章中講的那樣，在願望得到滿足的那一刻，原來的快樂便不見了蹤影。這一過程導致的快樂非常短命。當利己主義增長到一定程度時，它會製造出一種可怕的狀態，處於這種狀態的人只能從毀滅他人中感到滿足。

而那種透過利他主義的方式獲得的快樂卻與此截然相反。利他的快樂並不是透過與他人的比較來獲得，這種快樂存在於滿足別人之內。

在某種意義上，我們可以將這比作母親與孩子的關係。因為母親愛自己的孩子，所以她在看到孩子能夠從她的給予中得到快樂的時候感到自己的快樂。孩子感到的滿足越多，母親也會越滿足。母親所感受到的快樂，恰恰就源自她為使孩子高興所做的努力當中，而非她做的其他任何事情。

自然地，這種滿足只有在我們關愛他人的前提下，才有可能獲得，而且滿足的強度取決於我們關愛他人的程度。其實，愛，實際上就是甘願為他人的福祉著想，願意為他們服務。一個感覺到我們所有人都是同一個單一體系的組成部分的人，會將服務別人和整體看成是自己的角色、自己的生計及自己的獎賞。由此可見，這兩種快樂之間存在著天壤之別。

一個已經獲得利他品格的人有一顆「不同的心」和一個「不同的頭腦」。這樣的人的願望與思想同我們的利己主義願望與思想存在著如此大的差別，以致於他或她感知的現實與別人感知的現實都有所不同。

多虧了這種無私利他的待人態度，一個人能夠摒棄那種自己只是一個孤單的細胞的感受，從而使自己與所在的共同體系結合在一起，並反過來從這個體系中獲得自己生存之所需。對這樣一個人來說，這種所有人同屬於那個單一的統一體系的感覺變成了一種鮮活的現實，並且開始感覺到自然的永恆的生命和無限能量的流淌，以及在這個群體系統內所充滿的無限的快樂。

我們對生命的感受包括兩種元素：理智與情感。當一個人感受到並理解到那個永恆的自然的情感與理智時，他或她便能步入那個世界，並生活在那種狀態裡面。這樣的一個人不會再將他或她的生命視為某種將要終結死亡的現象。這種與永恆自然的團結統一，讓一個人的生命的感覺會一直延續下去，即使他或她的生物肉體已經死亡。

物質肉體的死亡意味著這個身體對現實的感知已經停止。指的是五種身體感官不再向大腦傳送資訊，大腦也不再將這個物質世界的畫面在它的「螢幕」上放映的狀態。

然而，那個精神感知的現實體系卻不屬於這個物質世界的層面。因此，一旦一個人獲得了這種精神的感知，即使這個人在他的身體死亡之後，這種精神感知也會繼續存在。那些在他的肉體死亡之前就能感覺到自己在精神體系中的存在的人們，將會發現這種感覺在肉體死亡之後依然存在。這就是「生活在自己的靈魂之中」的含義。

在我們現在如何感受生命以及我們能夠感覺到的生命之間存在著巨大差別。為了描述這種差別，《光輝之書》將它比作是一個小蠟燭發出的光亮同一個無限的光之間的差別，或者比作一粒沙子同整個世界之間的差別。

獲得這種精神生命就等於實現了我們做為人類的潛能，並且這是需要我們仍生活在這個物質世界的時候就應該實現的目標。

開啟我們的雙眼

在我們結束本章之前，讓我們做一個小小的練習。設想你自己待在一個完全漆黑的房間裡。那個房間是那麼的黑，以致於你什麼都看不見。它非常地靜寂，沒有一點聲響。房間內也沒有一點氣味，甚至連可觸摸的東西都沒有。它是一個空的、黑暗的空間。而你在那個空間裡已經待了那麼長的時間，以致於你都完全忘記了你自己曾經具有的感官；你甚至忘記了那些感覺的存在。

突然之間，一股氣味產生了。它變得越來越強烈，並且將你包圍起來，但你卻無法精確地指出它在哪兒。漸漸地，新的氣味摻雜了進來，它們有些濃烈，有些清淡，有些香甜，有些酸澀。現在你聞到了很多氣味之後，你開始意識到它們源自不同的地方，而且你處在一個包含著諸如左、右、上、下不同方向的空間中。

隨後，在沒有任何先兆的情況下，各種各樣的聲音在你的四周響起，所有的聲音。有些像音樂，有些像談話，有些簡直就像是噪音。藉助這些聲音，你能更容易地在這個世界找到你在哪裡。現在你可以估計距離，猜想你接收到的氣味和聲音從何而來。到了這個時候，你有了一個充滿各種氣味和聲音的世界。

過了一段時間，當某種東西碰到你的皮膚時，你就發現了一種新的感覺。不久，你便感到自己觸摸到了更多的東西。有些是涼的，有些是熱的，有些是乾的，有些是濕的；有些是硬的，有些是軟的，還有一些是你自己也無法確定是什麼樣的。而當它們之中的有一些東西碰到你的嘴巴時，你有了一種奇怪的感覺：它們有著獨特的味道。

現在，你生活在一個充滿著聲音、氣味以及可讓你感覺及品嚐的東西的世界。你可以去接觸其他物體，而且能開始瞭解你周圍的環境。而在你沒有這些感官和感覺時，你甚至無法想像有這樣一個豐富多彩的世界一直都在那兒存在著。這就是一個出生就是盲人所感知到的世界。如果你曾經處於他們的境況，你會覺得你需要視覺嗎？你甚至不會知道你沒有視覺，不是嗎？是的，你根本不會。

在某種意義上，你可以說我們沒有感覺到那個精神世界是出於類似的原因，是因為我們沒有一個能感知精神世界的感官——靈魂去感知它。我們生活在一個甚至不知道還有一個我們沒有感覺到的精神世界存在的物質世界當中。我們不會去想它，因為我們目前的這個物質世界對我們來講已經足夠地豐富。我們日復一日，年復一年，一代又一代地重複著出生、活著、享受、吃苦，最終走向死亡的生閉環。而在這整個的過程中，我們都沒有意識到一個全新的生活維度——精神生活的維度——就在那兒存在著。

如果不是現在在我們內心中產生的空虛感、人生意義的缺失感以及那種在我們人與人之間浮現出的冷漠和仇恨，我們將永遠不會察覺到那個新的維度的存在。我們之所以不再滿足於實現自己的這些物質願望，是因為我們開始感覺到其他一些東西正在缺失。我們所知曉的這種人生，以及它給我們帶來的那一切，都漸漸地變得不再能讓我們心滿意足。它實際上變得讓人越來越壓抑沮喪，正因為這樣，我們決定抑制這些感覺。畢竟，我們又能做什麼呢？每個人不都是這樣活著的嗎？！

實際上，這些感受來源於一種新的願望的浮現。這種新的願望就是我們想從一個更高的世界裡、從超越我們現在的這些世俗事物中、從一個未知的源泉裡獲得快樂的願望。如果我們真的想實現目前已在我們內心內被喚醒的這個新的願望，那麼，我們將發現這個願望所渴求的物件是某種超越了我們這個物質世界的東西。

在我們許多人內心中萌生的這種願望，以及伴隨著它一起而來的越來越強烈的空虛感，實際上是自然的規劃中預先設定好的自然而然的步驟。這種願望在我們內心中創造出這樣的感覺：以致於我們感覺到有某種超越我們所熟悉的這個物質世界而存在的東西存在著，而且我們好奇地想去發現它。假如我們能讓這種願望引領我們前進，並且傾聽我們內心的聲音，我們將喚醒並感知到那個真正的現實。（註5）

（**註5**）Editor's note: Perception of reality is discussed extensively in the author's book, Kabbalah Science and the Meaning of Life.

10 與自然保持平衡

儘管與本書所談論的中心話題相比，這一章所涉及的內容稍微有一些「離題」，但講述這些內容可以幫助我們更清楚地瞭解本書的這一部分所探討的許多其他話題。

如今，當個人與整個社會都陷入危機和困境時，一種新的趨勢——回歸自然就自然地開始興起了。有些人認為這是一條通向變革的道路，而且希望它能改善他們的生活。可是我們必須要提出的問題是：「與自然保持平衡，與回歸自然這兩者之間有什麼聯繫嗎？」換句話說就是，回歸自然能幫助我們與自然保持平衡嗎？本章將集中論述這個問題以及相關話題。

回歸自然的思想就是與自然和諧相處，很類似我們祖先的做法。那些支持回歸自然的人們渴望呼吸更清潔的空氣和由有機肥料培植的綠色食品，並渴望重新回到昔日那種農耕田園生活。這種現象包含著許多方面，但它們都基於這樣一個觀點：如果人類能夠更加接近自然，那麼我們就會與自然更加平衡，而且總體來講，我們會感覺更好。

如果我們能夠研究一下古代的那些部落是如何生活的，我們將會發現他們越走近自然，越接近他們的起源，他們越容易感受到自然的愛的力量。在這方面，我想提一下我和靈長類動物學家、人類學家珍・古德（Jane Goodall）之間的一次交談。珍・古德將其畢生的精力都用於研究黑猩猩，而且她在牠們中間生活了許多年。由於珍・古德在這一領域的突出貢獻，她榮獲了許多國際獎項，其中包括「大英百科全書卓越獎」、「國家地理協會探索、發現及研究領域哈伯德勳章」、「阿爾伯特・施韋策（德國神學家、哲學家）獎」等等。

當我問她，讓她印象最深刻的發現是什麼時，她回答說，在生活在自然中這麼多年後，她感受到了自然固有的愛的力量。她說她開始感覺到自然並聽到自然，而且她感覺到了愛，她覺得自然中沒有任何「邪惡」的力量，只有愛的思想。

透過長年生活在叢林之中，並與靈長類動物朝夕相處之後，珍・古德開始懂得牠們的情感。她發現靈長類動物瞭解自然，並且能夠體驗到自然中的這種愛。

毫無疑問，這樣一種經歷是激動人心的。然而，這並不是我在這本書中想要闡述的那種平衡。這種形式的回歸自然能給當代人帶來的最高尚的感情，只是一種對自然的那種愛的力量短暫的、不全面的感受。它只是任何一種動物都能夠感覺到的那種感覺的一小部分。然而，自然為人類設計了一個比這個層面要高得多的進化層面。

我們有充足的理由可以說明自然為什麼要驅使我們人類走出洞穴和叢林，推動我們所有這些越來越複雜的體系去發展人類社會。

我要說的是，正是在人類社會目前存在的這種疏遠他人及不寬容待人的狀態的存在，使得我們可以在這之上建立我們與他人之間的平衡。而且我們必須利用我們自己的自我來將自己提升到那個狀態，而不是透過抑制或消滅我們的自我回到人類在進化早期階段與自然的那種狀態。

回歸自然可能是一次奇妙的體驗，但它卻不能根除造成我們目前遭遇的危機和問題的根源——我們與自然在人類層面上的不平衡。

回歸自然的做法時常讓人們將之與其他一些傳統教義，比如瑜伽、太極及各種各樣冥想方法聯繫在一起。不可否認，這類教義確實可為人們帶來寧靜、平和及完整的感覺。

然而，它們卻不能幫助我們實現自然為人類設定的目標，因為它們都是基於抑制或消滅我們的利己主義之上的方法。在這樣做的過程中，它們將人類的自我從「人類層面」退化到在人類內在的那些更低的層面上，也就是回到我們那些更低的「動物層面」、「植物層面」和「非生命的層面」上。

因此，這些方法實際上不但不會使我們進步，反而會導致我們退步，從而與自然將指引我們的進化方向背道而馳：自然希望將我們提升到一個比我們現在所處的這個狀態更高的階段，即那個「改正後的人類層面」。

自然不會容許我們壓制或消滅我們的自我。因為我們可以很明顯地看到，在像印度和中國這樣的直到上世紀80年代還依然停留在一個較低的自我層面的國家，目前卻正在遭受利己主義的爆發的影

響。近三十年來，他們已經加入了追求財富和權勢的競賽，而且在以創紀錄的增長速度縮短了與西方發達國家之間的差距。

目前這個席捲全世界的利己主義爆發是人類在其說話層面上（也就是人類自身的人類層面）的利己主義。為了應對這種利己主義，一種完全不同的應對方法——一種與我們減弱我們的自我的傾向，相反的，也就是不是透過削弱我們的自我，而是充分利用我們的自我的方法，需要浮現出來。

卡巴拉智慧就是這個唯一的全面利用我們的自我，並同時改正其使用方式的智慧。卡巴拉在今天的出現就是為了幫助全人類意識到，自然賦予人類在創造中的目標，並讓全人類都透過做為一個整體上升到一個嶄新的存在層面。

在人類層面上與自然的平衡

為了便於解釋，我們將那種依靠把我們目前這個人類層面的自我降低到動物、植物及非生命層面而獲得的平衡，稱為「在動物層面上獲得的平衡」。在動物層面的平衡與在人類層面的平衡之間的區別，在於我們如何感覺在不同層面上對自然的愛的力量的感覺的不同上。

為了在人類層面上與自然達到平衡，我們必須研究我們自身，發現我們以及全人類正被引向何方，瞭解我們所處的這個進化過程，弄清楚它的開始及它的終極目標。沒有這樣一個能夠讓我們經歷進化的每一個階段的自我認知過程，我們便無法達成自然的思想。

這種自省能夠引導我們在人類層面上同自然獲得平衡。也就是說，它可以將一個人提升到一個得到改正的人類層面上。在那種狀態，我們能夠超越時間、空間及運動的界限，感受到整個現實。這個過程的開始及終點將彙集到一點，而且我們能夠意識到這個過程的所有階段如何在我們的內部逐漸展現。

這讓我們能夠感知所有的階段如何以奇妙的和諧連接在一起的，它們彼此之間如何相互依賴又如何相互影響的。因此，一個人就完成了整個演化循環，並且不會再看到時間、空間或過程的起始與終結，因為這個人會發現一切事物都早就事先存在於自然的規劃之中。

達成自然的思想（指完全掌握自然的整個宏偉規劃，和整個創造過程包括人類在這當中的角色和生命的意義及目的），能夠讓我們超越現有的這個物質存在層面，達到一個新的永恆的境界，而且它賦予我們完整、永恆及無限的快樂。

我們的世界將不再是我們的肉體所生活的地方，而是我們的「自我」所生活的世界。如果我們感知到了一個永恆、崇高與完美的現實，那就是我們存在的世界。

達成自然的思想，並不是要讓我們感覺更好，而是要讓我們與自然本身那樣，有一種永恆與完美的感覺。只有置身於那種狀態——

一種絕對的達成狀態、一個得以改正的人類層面——一個人才能真正明白為何那些已達成自然力量的人們，將自然的力量解釋為是一種「至善並且只做好的」的力量。

儘管那些將其自我從人類的層面降低到動物層面的人們，也能感受到自然是仁慈的，但這只是一種動物層面上的感受。在那種狀態下，他們感覺到的是生理上的和心理上的滿足，但是這種滿足注定是轉瞬即逝的。我們的自我一直處在不斷地膨脹當中，並將我們與動物區分開來；它不會讓我們長期滿足於停留在動物的層面上。

另一方面，我們可以說當動物將「至善和只做好的」的自然做為一種狀態體驗的時候，處於人類的層面的人們卻將其體驗為一個連續的過程。

這兩者之間的差異，就類似於一個完全脫離思想而只關心其肉體享樂的人，同一個利用自己的思想自始至終思考人生意義的人之間的差異。思考人生意義的人接觸到的是自然的一個完全不同的層面。

一個已達成改正的人類的層面的人感知到自然是一個「至善和只做好的」的人，不會再將人生看作只是為了尋求個人滿足；他或她將會接觸到一個更高的現實，感受到一種資訊與過程的湧流。這樣的一個人能夠從這種自然的完整性的感知中獲得快樂。這可讓一個人從任何限制中解放出來，並且這個人不再認為他或她的自我就等同於自己所處的那具軀體。

這樣的一個人的思想高飛至一個新的——超越了靠那些身體感官所能感知到的現實的存在層面，並且將自己和自然的思想融為一體——進入到了一個永恆而無所不包的場所之中。這樣，當這樣的一個人的肉體死亡時，他或她仍能感覺到自己的真實的自我繼續存在著。

總而言之，這種「回歸自然」同「與自然達成平衡的精神過程」沒有聯繫。它甚至可能會轉移我們的注意力，讓我們意識不到我們在自身之內的人類層面上——思想層次上——與自然尋求平衡的迫切需要。

在本著作的這一部分已經講述了卡巴拉智慧的原理。卡巴拉智慧具體說明了我們已經歷的所有那些進化階段，以及那些我們為實現自然的目標還沒有達到但必須要經歷的進化階段。

它指出我們正處在一個人類的意識急遽變革的臨界點上。人類最終將會意識到自然的規劃，這一點毋庸置疑。唯一存在的問題就是：「需要多快才能實現？」

第二部

以色列的角色與使命

看到這個標題《以色列的角色與使命》，大家一定會感到迷惑，一是以色列與我自己的命運有什麼關係，二是，以色列與世界的命運與和諧又有什麼關係呢？並且會自然地以為這是為猶太人辯護的著作。是嗎？是，又不是？我想說的是這是有關每個人自己的秘密。

縱觀人類的歷史，如果我們仔細回顧和分析，我們就不難發現一個讓人費解的現象。似乎人類歷史上的每一次大的變革，大的革命，大的突破背後都有著一個奇怪的民族的人的影子。特別是西方世界。這個民族就是猶太民族。

例如，影響世界特別是西方世界最深遠的三大宗教，猶太教，基督教和伊斯蘭教都被稱為亞伯拉罕的一神教，都與猶太人及其影響世界最深遠的經典《聖經》有關。

歷史證明，影響了世界的希臘哲學也是源自猶太人的希伯來文化。約翰內斯　羅榭林（1455-1522），德國人文主義者和當時德國的總理政治顧問，也是經典的學者和古代語言和傳統方面的專家（拉丁文、希臘和希伯來語），被認為是當時的柏拉圖學院（della Mirandola and others）派的主要代表，在其著作《卡巴拉藝術》中寫到：

「我的老師、哲學之父、畢達哥拉斯，絕對沒有從希臘人那裡，而是從猶太人那裡接受到這些教義的。因此，他必須被稱作是一個卡巴拉學家……，並且他自己也是第一個將卡巴拉，這一希臘人不知道的名稱，翻譯為希臘語的名稱『哲學』。」

畢達哥拉斯的哲學，源自於像無際的海洋一樣博大的卡巴拉智慧。

這就是卡巴拉，它不讓我們在這個世界上虛度光陰，浪費我們的生命，而是將我們的智慧提升到完全理解的最高水準。

當然，當談及猶太人在近現代在思想，科技，金融，經濟，文化藝術，政治領域影響了人類進程的著名人物的話，更是數不勝數：馬克思，愛因斯坦，佛洛德，畢卡索，卓別林，基辛格，羅斯柴爾德，洛克菲勒，摩根，索羅斯，巴菲特，羅傑斯，格林斯潘，伯南克……等等。這個名單可以列很長；更別提高達 20%-30% 的諾貝爾獎獲得者中的猶太人了。

而且，大家也疑惑為什麼在希特勒發動的二次世界大戰中，會那麼殘酷地針對猶太人，而據說他自己就有猶太血統；現在深遠影響世界的恐怖活動，其根源似乎也離不開猶太人的蹤影。

概括來講，這個群體人數還沒北京人多，但卻出了：

- **世界大概三分之一傑出人才**
- **80% 的金融寡頭**
- **30% 大資本家**
- **五分之一的諾貝爾獎。**

有興趣的話，你可以在百度或 Google 上發現更多有關猶太人的秘密！這裡不再贅述。我在這裡要告訴大家的是，以上所有只不過是我們在人類歷史或者在這個世界上看到的現象。

這一切都是為什麼呢？造成這些驚人現象背後的根源又是什麼呢？難道猶太人就是我們通常認為的是全世界最聰明，最會賺錢的民族那麼簡單嗎？這背後隱藏著什麼驚天大秘密呢？

如果，你想揭開這些謎團的話，這本著作正好適合你！而且，你會發現遠遠超出你的想像所及的更大的秘密！我保證！

那麼，以色列，希伯來，猶太人這些稱謂之間又有什麼聯繫？

在這裡，我想先向大家澄清一下有關以色列的基本概念。

首先，從遺傳學的角度來看，以色列人是亞伯拉罕所屬的古巴比倫人的一部分，並不存在遺傳屬性的以色列人，所以，以色列人與全人類各個民族都有關，因為當時的巴比倫就是人類的大熔爐，在亞伯拉罕之後由於利己主義而分散到了世界各地。這也就是以色列人的特殊性，他們承載的特殊使命就是要將隱藏在《聖經》中的拯救人類的卡巴拉智慧最後帶給全人類。

而以色列的希伯來語為 Yashar（直接） El（上帝）則是指想與上帝直接連接的人（注：在《聖經》的眾多版本中，大部分都將以色列錯誤地翻譯為：與上帝角力（或摔跤）的人，這是很大的誤解）。卡巴拉智慧指出，以色列是指一個人想將自己的利己主義本性改正為愛和利他主義的上帝的本性的渴望（這種愛和利他的本質就是上帝，在卡巴拉智慧中，上帝絕不是指某個形象化的人或物，任何形象化的上帝都是錯誤的，被稱為偶像化）。

根據卡巴拉智慧，任何一個人，不論其民族，國別，宗教背景如何，只要他或她在生命的某個階段，開始渴望瞭解其生命存在的意義，開始渴望直接與那個更高的創造力量（上帝或自然）想直接接觸的人就被稱作「以色列」。而且，每個人都有這個叫做「以色列」的願望存在著，只是在某些人這個願望已經蘇醒，而大多數人還沒有蘇醒而已。

所以，讀者應該瞭解，本著作的這一部分絕不是帶有某種宗教色彩，或國家和民族傾向，要為以色列這個國家或民族辯護，也絕對無意詆毀任何其他民族和宗教信仰。而是為了幫助大家，瞭解這個宇宙和人類的秘密。雖然，聽上去有點「天方夜譚」。

那麼，就讓我們大家拋棄成見敞開心扉一起來探尋一下這個「天方夜譚」背後的秘密吧！

譯者 周友恒

11 以色列的角色

本書的第一部分探討了全球層面和個人層面的危機，它們的根源以及它們的解決辦法。

然而，我們不能忽略與以色列這個民族和國家，以及生活在以色列的每一個居民有關的幾個特別的問題。看到一個這麼小的國家一直在世界範圍內吸引著全世界的關注，並且一直是衝突與戰爭的中心總是讓人感到驚奇。

以色列人正在發現，在他們自己的家園，個人和國家的安全正在變成一個即將逝去的夢，這個夢隨著每一年的過去都在變得漸行漸遠。

今天，在以色列的生活總是伴隨著恐懼：在這個國家的每一個角落都有一個防彈掩體，法律規定每一個家庭都必須有一個鋼筋混凝土的地下「安全屋」，而且，在每一個公共場合的入口處都有安全人員檢查。

事實上，在它的存在階段，以色列一直處於戰爭狀態。只是它的前沿對手改變著他們的品格。

今天，在一個大規模殺傷武器的年代，伴隨著其周圍鄰國越來越強的摧毀以色列的願望，以色列的生存處於一種危機狀態。以色列人的神經一直緊繃著。

根據一項在2006年救贖日(Day of Atonement)做的調查顯示，「以色列居民中超過50%的人擔憂這個國家的存在。超過2/3的以色列人認為像1973年發生在其贖罪日的對以色列的突然襲擊非常有可能再次發生。並且，超過70%的以色列人表示對目前的政治和軍事領袖不信任。」

此外，我們不僅沒能與整個世界搞好關係，我們自己國家和民族內部也在發生著分裂和分化。我們已分裂成一些相互之間互相仇視的部分。

為什麼會這樣？以色列人有什麼特別的嗎？難道以色列人命中註定就要比別的民族遭受更大的痛苦？為什麼以色列就是不被允許過著一個平靜的生活？為什麼整個世界永遠都在關注著以色列？

在本書的這一部分，我們將澄清以色列在「人類地圖」上扮演的角色。並且看一看是否存在著一條結束這種悲慘和可怕狀態的途徑。為了實現這個目標，我們將藉助真正的卡巴拉智慧。

所以，在我們開始之前，讓我們學習一下這個智慧的起源，它是一個有關什麼的智慧，以及它與當今的現實有著什麼樣的聯繫。

12 人類與卡巴拉智慧

人類一直在探尋著幸福的道路。無數的教義，新的或老的，都在試圖為人類提供一條通向真正幸福的道路。然而，人類至今還是處於持續的痛苦當中。縱觀人類的歷史，至今為止，還沒有任何一個方法或任何一條道路幫助人類實現人們一直渴望的幸福，因此，人們對它們都在失去興趣。

正是在這樣一個全世界都對未來的發展道路深感困惑，無奈又無解的時候，一個為當今人類所處的這個危機狀態而準備的，但卻一直隱藏著的方法開始在今天浮現出來。

在整個人類歷史上，它的掌握者們都一直在使這個智慧遠離著公眾的視線隱藏著它。當然，在以前，它對整個公眾也不具有吸引力。但在今天，它卻爆發出來並逐漸變成公眾視線的焦點，來自全世界越來越多的人們，不論其國籍如何，民族背景如何，膚色如何，宗教背景如何都開始跟蹤學習它。這個教義就是卡巴拉智慧。

全世界數以百萬計的人們都感覺到透過應用這個智慧提供的方法，他們將會獲得他們一直在渴望獲得通向幸福道路的答案。

這在今天的人們當中創造出了很強的吸引力。並且，雖然大部分人還是不能掌握這個智慧的本質精髓，但他們卻能深深地感覺到這個智慧將為他們提供答案。因此，他們願意去發掘卡巴拉智慧能為他們提供什麼。

為了弄明白是什麼使得卡巴拉智慧能夠擴散到全世界的各個角落，我們必須回到人類文明的搖籃地，回到古老的巴比倫，回到美索不達米亞。因為那是這個今天正在完成的一個過程，一個正在將人們不斷吸引至卡巴拉的過程開始的地方。

卡巴拉智慧解釋說，人類的進化本質上是追求幸福的願望的進化。這個願望伴隨著一代又一代的人進化著並且驅使著人們去實現它。

一個新的超越這個物質世界存在的願望第一次在人類歷史上的某個人身上出現，時間是5767年前（這是相對於這本著作寫成的2006年而言的希伯來曆的年數），這第一個開始浮現這個願望的人就是亞當。

儘管在亞當之前生活著許多代的人，但亞當卻是在他身上浮現出想要掌握整個自然的奧祕和生命意義的第一個人。所以，他的名字叫做亞當，並不是處於偶然，因為它源自「Adamme la Elyon」：

「I will be like the most High.」（Isaiah 14:14，Bible）「我想要變得和那個至高者一樣。」」（以賽亞14：14《聖經》）

亞當的名字來源於他的想要超越他的本性，而變得與那個至高的自然的愛和給予的力量品格相同的願望。而且亞當將他的發現寫在了一本叫做Raziel ha Malaach（The Angel Raziel）（隱藏的力量）著作中傳給了他的後代。

亞當發現那個精神世界的日子在《聖經》中被叫做「這個世界被創造的日子」。這是人類第一次與精神世界開始接觸的日子，而這正是為什麼希伯來曆以這一天做為其日曆開始的日子。

根據自然的計畫，人類將在從這一天開始算起的六千年的日子內實現和那個無所不包的自然獲得平衡，也就是達到人類自我的最後改正。這就是為什麼在猶太法典 Talmud Bavli，Sanhedrin，97:71 中描述說：「這個世界將存在六千年」「the world exists for six thousand years」的含義。

在那一段時間裡，人類的自我將逐漸地增長，並且會將人類來向認識到人類的利己主義必須被改正的一個階段。它還會啟示給人類改正以及如何實施改正的方法。

亞當之後的幾代人居住在以古巴比倫為中心的區域，而那就是人類利己主義第一次爆發的地方。利己主義爆發帶來的結果就是人類開始想支配自然和世界，並利用一切來為他們的自身利益服務。

這次利己主義的爆發在《聖經》中被形象地比喻為人類想建造一座通天塔：

「來吧，讓我們給我們自己建造一座城市和一座通天塔。」

——（創世記 11：4，《聖經》）

然而，巴比倫人的小算盤最終落空了，這是因為要想直接滿足利己主義願望是不可能實現的。

隨著他們的自我的不斷增強，人們開始彼此分離。以前，生活在巴比倫的人們親密無間，就像是一個人一樣。但是現在，當自我開始在他們之中「説話」挑撥離間時，他們不再能夠相互理解對方。這一時刻在《聖經》中被描述為「不同語言的出現」。就這樣，自我產生的仇恨使他們相互變得越來越疏遠，他們也從此被分散到世界各地。

然而，在當時的那些巴比倫人中間，有一位名叫亞伯拉罕的人卻隨著自我的增強，產生了一種瞭解人生祕密的願望。這和最早在亞當內心裡出現的那種願望是一樣的。在那個時候之前，亞伯拉罕還一直在幫助父親製作偶像並拿出去賣掉賺錢謀生。可是一旦亞伯拉罕開始感到這些偶像無法再滿足他日漸增強的願望，他就開始去尋求更高的力量。這個故事表達了亞伯拉罕當時的狀態：他將他曾經擁有的每一種利己主義願望都當作偶像一樣來崇拜，順從他的利己主義願望，聽從於它的擺佈。

因此，亞伯拉罕開始覺得這樣的人生將不會產生任何結果。他感到如果自己想上升到一個更高的人生境界的話，那麼他必須「打破心目中的這些偶像」，並且努力去擺脱利己主義的自我的控制。

當亞伯拉罕的確這麼做時，他就發現了自然的那個無所不包的力量，並將它稱為「上帝」（Elokim），根據 Gimatria（將希伯來字母用作數位的一種方法）中，「Elokim」等同於「Teva」（自然）。亞伯拉罕發覺到自然的力量讓所有人必須與它保持平衡，而且失去平衡正是一切痛苦和磨難的根源。

隨著亞伯拉罕沿著這條探索的道路繼續前進時，他發現自我包含有六百一十三種願望，而其中的每一種願望都必須被改正以順應自然的利他主義法則。也就是說，在一個人的所有願望的每一個願望中，一個人必須達到「愛鄰如己」這種服務他人的狀態。

當我們進行這些願望的每一種願望的改正時，即以利他的而非利己的方式來使用它們時，卡巴拉智慧將這種行動叫做「遵守戒律」。但這指的是我們改變使用我們的願望的意圖，而不是指任何身體行為。這種超越自我與自然獲得平衡的方法是由亞伯拉罕發現的。它被稱為卡巴拉智慧。Sefer Yetzira（《創造之書》）也是由亞伯拉罕所寫。

亞伯拉罕隨後開始向他的人民——那些古巴比倫人——傳授這種智慧。據《聖經》〈創世紀〉Bereshit Raba 84：4 記載：「亞伯拉罕將他們引到他的家，給他們食物和水，就這樣將他們帶的更近（使他們更接近卡巴拉智慧）。」然而，大多數人對改正自己的自我卻漠不關心。

在亞伯拉罕和他的妻子薩拉鍥而不捨地傳授這種改正方法之後，成功地組織了一個學習團隊。他們最終成為人類歷史上第一個卡巴拉學家組成的團隊。這個團隊後被冠以「以色列」這一名稱。

從此時起，人類就被劃分為沿著兩條道路發展的兩個類別：卡巴拉學家與人類的其餘部分。隨後自我的不斷發展，利己主義無論在卡巴拉學家身上，還是在其餘的人們身上都不斷演化，只不過它在這兩類人身上的演化方式完全不同。卡巴拉學家們在想方設法超越自我的同時，不遺餘力地與自然保持平衡；而人類的其餘部分則在不斷尋求著滿足自己的利己主義願望的新方法。

人類在經過一代又一代不懈的努力之後，取得了越來越大的成就。人們一直相信他們很快就能夠獲得終極的滿足。然而，就在新的希望出現之前，他們卻反而越來越感到空虛。今天，利己主義自我已經到達了其最終的階段；因此，許許多多的人們都感覺到數千年來一直演化著的利己主義自我給我們帶來的只是空虛無助感和一場全面的全球危機。

這種認知將人類重新放到人類在古巴比倫時代所處的那種狀態中。只是，這一次人類已經進化發展遍及地球的各個角落，而且人類的數量已經達到幾十億，這一次人類已經準備好了傾聽這個智慧。現在，吸收採用亞伯拉罕所發現的那個方法的時機已經成熟。該方法教給每個人如何正確地使用他們的自我，如何實現與自然的平衡，以及如何感受到自己像自然一樣永恆與完整。

直到最近之前，卡巴拉學家們還一直被迫向人類隱瞞著這種方法。他們必須耐心地等待著人類的利己主義自我發展到其最終的階段，也就是說人類對滿足個人的利己主義願望徹底絕望的階段出現。

他們一直在等待著這樣一個時機的出現：人們需要一種改正方法，而且感到在所有的教義中，那個治療一切痛苦創傷的靈丹妙藥只能從卡巴拉智慧中找到。如今，這些條件已經成熟，昔日那些審慎地隱瞞這種方法的卡巴拉學家們開始將它公之於眾。這就完成了那個歷史性的循環週期，而且現在全人類做為一個單一整體能夠一起達到與自然的平衡。

在一篇名為《彌賽亞的號角》的宣言中，偉大的卡巴拉學家耶胡達・阿斯拉格（巴拉蘇拉姆）指出，人類擺脱困境的唯一依靠就是傳播這個改正方法：

「如果我們知道如何去向民眾傳播卡巴拉智慧的話，我們就是站在拯救的門檻上的那一代人。」

——卡巴拉學家耶胡達・阿斯拉格《彌賽亞的號角》

他強調說，卡巴拉智慧必須被傳播給全世界的每一個人，並且將它比作 Shofar（古代希伯來人在作戰或舉行宗教儀式時吹的羊角號）之聲：

「卡巴拉智慧在大眾中的傳播，可被稱為號角（Shofer）的聲音，就像這個號角的聲音能傳播得很遠一樣，卡巴拉智慧將會傳播至整個地球的各個角落⋯⋯」

——卡巴拉學家耶胡達・阿斯拉格《彌賽亞的號角》

13 以色列人的誕生

為了讓這種改正方法能夠在今天興起並引導世界與自然獲得平衡，這個智慧需要被一代代地繼承並演變發展。這是一個起始於亞伯拉罕那個時代的卡巴拉學家們並延續了幾千年的發展過程。

在亞伯拉罕的方法被幾代人運用之後，在那些卡巴拉學家的團隊之內，不斷增強的自我在亞伯拉罕的團隊中也爆發了。在那樣一種狀態下，為了應對這個新的利己主義，需要發現一個在更高的層面上與自然獲得平衡的方法。

這個新方法的提供者就是摩西，那個時代偉大的卡巴拉學家。摩西帶領以色列民眾出埃及，即擺脱新出現的利己主義自我的控制，並且教育大家要作為一個單一身體的組成部分一樣，要「如同一個人一條心」團結互助。由於那個團隊的規模，在那時它被稱為一個「民族」。

然而，從遺傳學的角度來看，以色列人是亞伯拉罕所屬的古巴比倫人的一部分，並不存在遺傳屬性的以色列人，所以，以色列人與全人類各個民族都有關，因為當時的巴比倫就是人類的大熔爐，在亞伯拉罕之後由於利己主義而分散到了世界各地。這也就是以色列人的特殊性，他們承載的特殊使命就是要將隱藏在《聖經》中的拯救人類的卡巴拉智慧最後帶給全人類。

摩西的那種與自然獲得平衡的方法，是亞伯拉罕方法的延續。它被稱為托拉「Torah」。「Torah」在這兒並不是指那個我們所熟知的、做為歷史記載的《摩西五經》，而是指一種改正自我的方法。「Moshe」（摩西）這個詞語則象徵著一個將一個人從其利己主義的統治中拉出來的力量（在希伯來語中，用來表示拉出的詞語是「Moshech」），也就是人們擺脫利己主義統治的力量。

「Torah」這個術語源於「oraa」（指導）或「or」（光），「光」指的是一種改正的力量，就像「在其中的光改變了他們」（Midrash Raba, Instruction, 2nd paragraph）中表達的那樣，Torah 也指一種充滿了一個已經改正其利己主義的人獲得的滿足。

因此，這些卡巴拉學家們不斷地取得進步。透過實踐摩西提供的方法，他們改正了那些在他們內心裡所浮現的所有利己主義願望，而在改正的同時，在他們的願望得以改正後所獲得的滿足（快樂，光），被叫做聖殿、神聖的居所 Beit ha Mikdash （The Temple）（The House of Holiness）。聖殿指的就是他們改正後的願望，現在已變成一座充滿著神聖，也就是利他的品格、自然的無所不包的品格的宮殿。

就像孩子們生下來被父母撫養長大一樣，他們透過這種改正方法被撫養長大，並最終達成了他們自己的精神世界。

因此，以色列人就生活在一種對那個普遍的、整體的自然的感受當中，直到自我再次在一個更高的層面爆發，導致他們喪失那種對精神世界的感知為止。

與那個無所不包的自然的感覺的喪失，被稱作「聖殿的毀滅」（the ruin of the Temple），而新出現的自我的統治則被稱為「在巴比倫的流放」。

對在第一聖殿毀滅之時突然爆發的那個自我的改正，被稱為「從巴比倫流放的回歸，並且第二聖殿的建立。」

然而，這一次以色列民族已被分裂為兩個團隊：第一個團隊的以色列人成功地改正了自己的利己主義，而另一些人則被他們的自我所征服，而無法改正它們。

自我也在那第一類的以色列人中間慢慢地增強著，直到全體以色列人最終都失去了對那種無所不包的自然的精神感受，而以色列人開始落入精神的隱藏之下。自我的這次統治被稱為「第二聖殿的毀滅」，而以色列人開始踏上另一次，也將是最後一次的精神流放之路。

這種利他品格的毀滅致使整個以色列民眾都失去了對那個無所不包的自然的感覺，只有那些生活在每一個時代的卡巴拉學家們除外。這些卡巴拉學家們生活在公眾的視線之外，不斷地發展著這個改正人類本性的方法，以便用它來應對日漸增強的利己主義自我。

這些卡巴拉學家的任務就是在以色列和整個人類都需要這個智慧的時候，為他們準備好一種行之有效的應對自我的方法。

14 改正方法的演化

在大約西元 2 世紀最後一次流亡期間，卡巴拉學家西蒙・巴爾・約海及其弟子撰寫了著名的《光輝之書》。

這本神聖的著作不但闡述了改正方法，而且描述了一個人在與自然保持平衡時所能體驗到的一切經歷。

它還描寫了人類在進行自我直到其得到最終改正為止，將會經歷的每一種狀態。然而，它是借用比喻及類比的手法來講述這些道理的。

還應該指出的是，雖然《光輝之書》是在以色列人走上精神流放的道路之前所著，但它卻聲稱這本神聖的著作只有在這最後一次精神流放結束的時候才會被發現。也就是說，它的到來將使這最後一次精神流放終結：

「這是因為以色列註定要品味這棵『生命之樹』，它就是這本《光輝之書》，藉助它的指引，他們將在仁慈的伴隨下擺脫這次精神流放。」

——《光輝之書》Parashat Naso 第 90 條

《光輝之書》還寫道，在這一個為改正自我而分配的長達六千年時間行將結束之時，這本著作將被展示給全人類：

「當彌賽亞之日臨近時，甚至連這個世界的嬰兒們都註定要發現這個智慧隱藏的祕密，並從中瞭解到拯救的目的和其實現的精確計算。到了那個時候，它將被啟示給全人類。」

——《光輝之書》，Parsshat Vayira 第 460 條

因此，就在《光輝之書》被寫完的那一刻，就立即被隱藏了起來。這本著作的再次出現是在 13 世紀的西班牙。

然後，是在 16 世紀，也就在《光輝之書》問世一千四百年之後，神聖的 Ari（卡巴拉學家以撒·盧里亞，Isaac Luria 的尊稱）在以色列北部的澤法小鎮（Zephath）（一個卡巴拉學家們所生活的以色列北部的一個城市）出現。

Ari 用一種系統、科學的語言，闡述了《光輝之書》中所介紹的改正方法。他還非常詳細地描述了透過自我改正而達成與自然那個無所不包的力量的平衡需要經歷的幾個階段。

他在他的著作中還描寫了那個更高的世界，並講述了人們如何才能被接納進入到那種現實的維度並生活在其中。

然而，由於在 Ari 生活的那個時代，自我還沒有完全發展到其最高峰，因此能夠瞭解 Ari 及其教義的人寥寥無幾。這是因為自我的進化越是發達，人們理解的敏感程度就越高。

伴隨著那個改正階段的結束的到來，它將自我也帶到了它的最後一個發展階段。而伴隨這個自我發展到的最後階段而造成的全面危機，迫使人們必須想出徹底改正這個利己主義的方法。

如今，越來越多的人已經開始需要這種徹底改正的方法，而且他們能夠掌握以前只有極少數的人才能掌握的這個智慧。這就是為什麼這個完整的改正方法直到今天才被披露出來的原因。

卡巴拉學家耶胡達・阿斯拉格（1884～1954）對《光輝之書》及 Ari 的著作做了更深入更科學的注釋，以致於我們每一個人都能夠理解它們。在《卡巴拉的教義及其實質》一文中，他寫道：

「我對自己能夠出生在這樣一個允許將真理的智慧公之於眾的時代而感到高興。如果你問我，『我怎麼知道它已經被允許公之於眾了？』我會回答說，這是因為我得到了揭示這種隱祕智慧的許可。」

——卡巴拉學家耶胡達・阿斯拉格《卡巴拉的教義及其實質》

卡巴拉學家耶胡達・阿斯拉格的主要作品是《對〈光輝之書〉的 Sulam 注釋》，即《階梯》。在這本偉大的著作中，他將《光輝之書》從阿拉姆語翻譯為希伯來語，而且對它做了詳細的注解。

此外，他還著有《10 個 Sefirot 的研究》這部偉大的著作，在這本著作中他詳細闡釋了 Ari 的著作包含的偉大智慧。

除了這些偉大的巨著之外，卡巴拉學家耶胡達・阿斯拉格還寫了許多包含著偉大的智慧的文章，闡明如何建立一個與自然獲得平衡的人類社會。他解釋說他之所以能這樣做，是為了因應那一代人對一種清晰、系統的改正自我主義的方法的需要。

「我之所以能夠啟示這一智慧是因為我所身處的這一代人。」

——卡巴拉學家耶胡達·阿斯拉格《卡巴拉教義及其實質》

正如卡巴拉學家們在兩千年前所預言的，在20世紀末將看到人類演變的新紀元的開始。

現在，越來越多的人已經被卡巴拉智慧所吸引。回溯到18世紀，Vilna Gaon就指出，1990年將是全人類開始改正的年代，這寫在他的著作《斑鳩的歌聲》（《Kol ha Tor》）中。

卡巴拉學家耶胡達·阿斯拉格在1945年在和他的弟子們的對話中則把這一年分定為1995年。

對卡巴拉的興趣透過這種方式被顯示出來並不是一個巧合。卡巴拉學家解釋說：

「如果我們一直等到六千年時間的結尾之時，才開始進行我們的這個利己主義的改正的進程的話，我們人類將遭受巨大的可怕苦難，世界人口的大多數將在令人恐怖的戰爭中滅絕，而那些少數的倖存者仍然不得不去實現自然對我們的規劃。」

在《最後一代》這篇著作中，卡巴拉學家耶胡達·阿斯拉格解釋道，*「……創造者賦予了人類科技，直至最後使人類發明了可以毀滅*

自己的原子彈和氫彈。如果人們尚不清楚這些炸彈將給世界帶來毀滅的威脅有多大的話，那麼，人類就可以等到第三次乃至第四次世界大戰的發生。在那個時候，這些炸彈將履行它們的職責，而在被它們毀滅的廢墟上殘留的人們還是不得不承擔這個改正利己主義的使命。」

——卡巴拉學家耶胡達·阿斯拉格《最後一代》

換言之，如果我們只是順其自然「Que sera sera」而不採取任何改正我們的利己主義的行動的話，那麼，在目前距離自然計畫的那六千年這個期限還有的兩百三十三年裡，自然將會以我們人類無法忍受的痛苦的方式強迫我們來開始改正。

這個痛苦的過程被稱為「在它的時間內」（in its time），意思指的是「在自然分配給我們的時間內」（in the time allotted）。

然而，我們遭受的痛苦將會越來越強烈，直到遭受痛苦的每一刻感覺都好像永遠都不會結束一樣；因為時間畢竟只是一種心理上的事情。實際上，我們已經能夠感覺到我們的人生正在變得越來越艱難，而可怕的是這只是剛剛開始。

然而，這個改正過程卻根本沒有任何時間限制。就像那些卡巴拉學家們從古到今一直都能達到與自然的平衡一樣，任何一個人在今天就可以著手做同樣的事情，並可體驗到那個同樣的完美與永恆。

遵照這條道路進行改正，我們將加快改正的速度，也就是可以在較少的時間內完成改正的過程。這條道路叫做「我將加速它」。

而無論採取這條道路或那條道路，我們都必須實現與自然的平衡，甚至死亡也無法讓一個人逃避這個按照自然法則規定必須完成的改正的使命。

在兩條道路之間存在的選擇，以及我們將做出什麼樣的選擇，取決於我們的意識，而這種意識要就是透過遭受痛苦，或是透過自省來獲得。

藉助卡巴拉智慧，我們便能夠透過自省來讓自己獲得這種意識。卡巴拉智慧不但論述了我們的狀況，解釋了我們應該達到什麼樣的狀態，並且提供了達到那個狀態的方法。

因此，人類有可能像卡巴拉著作中講述的「彌賽亞的日子」的情形那樣，需要經歷兩百三十三個難以忍受的痛苦之年來實現這個改正的使命，也可以在不受時間的限制來藉助卡巴拉智慧來改正自己完成創造賦予人類的使命。而在這樣一個自由選擇的十字路口，以色列的角色至關重要。

15 以色列的使命

那些亞伯拉罕的卡巴拉學家團隊的後代最後形成了以色列民族。在我們開始探討以色列在人類進化過程承擔的特殊使命之前，發覺到在這兒絕對不存在任何民族主義的問題是非常非常重要的。

正如卡巴拉學家耶胡達·阿斯拉格在其文章《托拉的賜予》中所說：

「那麼，難道在這裡不涉及任何民族主義嗎？當然不涉及任何形式的種族傾向，上帝不允許。而且，只有那些精神不正常的人才會那樣想，認為這裡涉及民族主義。」

——卡巴拉學家耶胡達·阿斯拉格《托拉的賜予》

以色列人並不比其他民族的人優越，但是他們確實在自然的規劃中扮演著特殊的角色。整個人類就像一個單一的身體，在這個身體內的每一個器官（對應各個民族）都有著其各自的功能角色。

卡巴拉學家諷喻式地表達說，在剛開始的時候，這種改正的方法就是提供給全人類以及每一個民族的，因為這種*「創造的使命是放在全人類的肩上的，無論是白種人、黑種人還是黃種人，都責無旁貸。」*

——卡巴拉學家耶胡達·阿斯拉格《團結》The Bond

然而，當人類被贈予這個 Torah，即那個改正的方法之時，世界上還沒有任何一個民族做好了接收它的準備。顯然，人類還沒有進化到需要它的時刻。

出於這種原因，由那些跟從亞伯拉罕的巴比倫人形成的以色列人被賦予並獲得了這種方法，使之能夠扮演一個「中轉過渡」的角色，等到將來全人類最終都意識到它的必要性時，在傳達給全人類以便全人類最終都能完成這個改正利己主義的使命。

以色列民族與其他所有民族的人都有所不同。他們是由那些在巴比倫居民中跟從亞伯拉罕而建立起來的卡巴拉學家團隊組成。他們的使命就是在人類歷史上一直保存好這個改正的方法，直到全人類每個人都需要它的時候。到那個時候，這一團隊，也就是我們目前所稱的「以色列人」，就能夠意識到他們的角色，並將這個改正方法傳遞到所有其他民族。

隨後那個卡巴拉團隊從其精神層面下降到其利己主義自我的控制的降落，在他們內部裡產生了一種複雜的而又獨特的自我。這表現在猶太人還和其他民族的人生活在一起時，加速整個世界的演化上。

這樣就是在人類的整個演化歷史上，所有的大變革和大事件背後，不論是宗教、哲學、科學、技術、文化，包括戰爭都可以看到猶太人的巨大影響的原因。

世界其他民族並沒有積極進取的足夠動力，而以色列的角色就是激勵他們朝著更大的自我主義演化的方向前進。由此，猶太人引領了文化、科學、經濟及技術革命。這一切都是為了讓人們及早意識到，我們的利己主義本性只會讓全世界走入一條死胡同，因而我們必須改正它。

今天，隨著我們逐漸認識到這個改正自我的迫切需要，我們應該學會如何去實踐那個早已準備好了的改正的方法。

這個過程包括幾個不同的階段。首先，以色列人必須首先改正他們自己，重新獲得他們在大約兩千年前就已經失去的與自然的那個平衡。

為了做到這一點，他們必須重新認識到他們背離的那種改正方法，並且開始利用它。

一旦他們做好了這件事情，他們就能夠給全人類樹立一個利他主義的榜樣，並且能夠實現他們做為「各民族的光」的歷史角色。

當這個改正的方法從以色列人那傳播到世界的其他民族時，自然規劃中的第二個階段——也就是全人類的改正——將會實現。因此，「*當以色列的孩子們被完全的理智所充滿時，那個智慧與知識的源泉將會從以色列的邊界洋溢而出並澆灌全世界所有的民族。就像在《聖經》以賽亞書 11 中所表達的那樣：‘因為整個世界都將充滿關於上帝的知識。’*」

——巴拉蘇拉姆，《生命之樹的介紹》4

16 回歸以色列之地

以色列人重新回到以色列之地是在自然的規劃中事先就設定好的事情。為了理解這一點，我們必須懂得「以色列之地」的精神含義。而為了達到這一目的，我們還必須瞭解一下卡巴拉學家所用的語言。

當卡巴拉學家達成與自然的平衡時，他們發現了那一部分超越利己主義的感知範圍的現實。他們將那一部分現實稱為那個「更高的世界」或「精神世界」。

一旦他們發現所有那些在精神世界裡存在的每一個元素都降落到我們的這個物質世界，並以一定的物質形式展現出來的時候，他們就將這些在精神世界的元素稱為「根」，而將它們在這個物質世界的顯現形式稱為「枝」。

因此，卡巴拉智慧廣泛採用的「根枝語言」在基於那些精神世界與我們的這個物質世界平行的原理之上，便應運而生。

在枝言中，「地」（希伯來語的arez）的意思就是「願望」（Ratzon），而「以色列」（Israel）的意思是Yashar El（即「直接與上帝連接」）。在這種情況下，「以色列之地」（Erec Israel）的意思就是指一個「渴求進行利他的行為」的願望。

在「第二聖殿」被毀滅之前，生活在以色列這片土地的那幾代人是可以感知到精神世界的人們。當時的以色列人所達到的精神層次，與他們在這片以色列土地上的物質存在之間和諧一致。因此，以色列人值得存在於那片土地上。

後來，隨著人們逐漸喪失掉自己的精神感知，並淪落到受自己的利己主義自我控制的地步，這樣由這種以色列人所處的精神階段與他們在以色列這片土地的存在導致的不和諧，最終導致了「第二聖殿」的毀滅，以及隨後發生的從以色列土地離開的另一次精神流放。

在過去，儘管以色列人在精神世界的降落都先於以色列的精神流放而生活在其他各個民族當中，可是今天的局面正好與過去的那種情況相反。這一次的以色列人返回他們以前曾生活過的這片土地，卻是他們的物質（身體）回歸先於他們的精神回歸，但精神之根與物質之枝之間的相容性必須被重新建立起來。

以色列人必須沿著他們以前降落下來的那條路重新攀登回去，只不過這次的順序與以前正好相反：物質回歸在先，精神回歸次之。

因此，以色列人註定要達到這個被稱為「以色列之地」精神層面，而這就是為什麼改正方法正在啟示給他們的原因。只要以色列人還沒有得到改正，那麼它的人民就無法舒心地生活在這片土地上。沒有一個精神的理想，是不可能生活在以色列這片土地上的；因為沒有與精神世界的相容性，自然的力量就是不會容許任何人在那片土地上輕鬆愉快地生活。

為了鼓勵以色列國土上的居民開始上升到精神階段，即「以色列之地」，現實對他們而言顯得格外不安全、不平靜。

其他國家給以色列施加的所有壓力，以及政治、社會的內在危機，以及個人生活中出現的危機，都在迫使他們向著他們來到這個世界存在的真正目標邁進。

「簡而言之，只要以色列人不讓自己的追求超越他們在這個物質世界生活的目標，那麼他們就不可能做到肉體的復活（corporal revival），因為精神上的他們與肉體上的他們無法和諧地生活在一起，這是由於他們是那個精神理想的孩子。」

——卡巴拉學家耶胡達·阿斯拉格《流亡與拯救》

《光輝之書》和歷代的卡巴拉學家都宣稱當流亡在外的以色列人開始回歸這片土地的時候，就預示著整個世界的改正必須拉開帷幕。因此，當在外流亡的猶太人返回以色列這片土地時，當時偉大的卡巴拉學家、以色列的第一位猶太教領袖拉比庫克（Kook）非常坦率地說：

「現在是每個人都應該知道以下這些資訊的時候了，對以色列以及全世界的拯救都只是依賴於那個隱藏在托拉內在的祕密，也就是卡巴拉智慧的祕密用清晰明瞭的語言向全世界廣為傳播。」

——庫克導師《拉亞的書信》第 92 頁

「只有當我們成為我們應當成為的那種人時，人類才能重新回歸其人性，也就是那種至高無上的美德，人性的實質將能夠將已存在其內在的精神之光開啟。並且這個人性將自然地高飛至完美的狀態，以及它將榮耀地認識到它的幸福。」

——Sefer Orot《Book of lights 光之書》第 155 頁

我們應該知道，就像以色列人並沒有被計算進這個世界上存在的七十個民族之中，他們只是被視為一個旨在向全人類傳遞那個改正方法的一個特殊群體。「以色列之地」在這個星球上將不會存在，除非一個精神的民族生活在那裡。因此，以色列人只有履行自己的使命，才會被允許生活在那片土地上。否則，他們將不會被視為「以色列人」，而那片土地也不會被視為「以色列之地」。以色列隨後就會成為一個排斥、驅逐這些人的地方，成為一個無法在其土壤上支撐起這個民族的地方。並成為*「一個吞噬其居民的地方」（民數記 13:32《聖經》）*。

卡巴拉學家耶胡達．阿斯拉格曾預言，如果不做出任何積極的改變的話，即便是猶太人在以色列這片土地上的基本生存都將處於危險之中。在《最後一代》這著作中，耶胡達．阿斯拉格指出，這種情況將越來越惡化，許多人都會被迫離開以色列，「越來越多的人為了避免痛苦將會逃離以色列，剩下來的寥寥無幾的人們，已不值得被稱為一個『國家』，甚至他們會被四周的阿拉伯人吞沒。」

17 以色列民族的內在團結

如果以色列人的確希望像他們的國歌中所唱的那樣，在他們那片土地上做為一個自由的民族生存，那麼他們必須選擇他們在聖殿毀滅及精神流放之前曾支撐過他們的那個方法。

在今天這個到處充滿著分離、疏遠和仇恨的地方，他們必須再次成為一個單一體系中親密無間的組成部分，並與自然的那個無所不包的力量融合。而超越這種高飛的自我並實現這種團結的途徑，就是要積極地採用那個改正方法。

實際上，以色列人之所以會重新聚集在以色列的這片土地上，主要是因為他們有這樣做的必要。自然的規劃使「世界其他民族」對以色列人施加著壓力，迫使他們離開他們精神流放的國家，回到以色列之地並在那裡找到庇護所。

對絕大多數人而言，他們來到這兒，是將其做為一個避難之地的，以免遭到敵人的壓迫，或者為了改善自己的物質生活。他們來到以色列，並非因為他們內在地被推動著要在愛的基礎上團結，並創造一個單一的統一的民族，與自然的那個利他的力量保持平衡，隨後引領全人類實現這一創造的目標。

最終，以色列人民現在的這種相互關係還無法讓他們直接應對那些反對以色列的國家，因為這些國家的民眾的內在團結要遠比以色列的民眾更團結。以色列的敵人顯然意識到了他們的這個弱點，正如巴爾．伊蘭大學中東歷史系主任齊夫．馬根（Zeev Magen）博士所言（22）：

「伊斯蘭世界極端的原教旨主義者認定以色列人是一個缺乏一致原則的社會。此外，他們相信我們已經得出『原則一致的社會基礎結構並不存在』的結論。因此，那些原教旨主義者非常樂觀地認為他們遲早會擊敗我們，並將我們趕出這片土地，或者至少顛覆我們的主權。穩定的一方總能戰勝不穩定的一方。因此，在他們眼裡，我們在這片土地上剩下的日子已經屈指可數。

近來，一家阿拉伯報紙發表的一篇文章在結尾用了哈梅內伊（伊朗宗教領袖）的一段話，而他的這段話引自伊斯蘭教的《古蘭經》：『猶太人不會像一個人一樣團結起來與你們作戰。你們覺得他們是團結的，但他們內心是分裂的，並不團結。』」

以色列人只有能夠共同意識到他們在這個世界承載的使命和應盡的義務，他們才有可能團結在一起。他們並不是要團結起來，以便以犧牲其他民族或國家的利益為代價來改善他們自己的處境。卡巴拉智慧中所談及的「民族主義」概念，與「傳統的民族主義」大相徑庭，就如同東方與西方之間的差別一樣。以色列人千萬不要將自己視為高別的民族一等。

恰恰相反，做為「上帝的選民」意味著這些人被選出來，是要服務於所有其他民族的。他們的使命就是幫助其他民族都實現與自然的平衡，並達到那個最偉大興旺的精神層面。以色列人必須將他們自己視為實現這一目標的手段，而不是高高在上之民族；而且只有當他們在其內部獲得團結一致時，才能夠扮演好這一角色。

以色列人冒著各種威脅毅然返回以色列，這是自然規劃的一部分，這讓以色列人有機會發現自己對團結的內心需求，發現他們自己有義務去創造一個可引領全人類走向完美的民族。他們目前未能在以色列創造出一個真正團結的社會，這並非偶然。他們被分裂為許多幫派：世俗對宗教、「左派」對右派、德系猶太人對西班牙系猶太人、以色列的本地人對新移民等等，不一而足。他們為走向團結所做的一切努力，到目前為止都是徒勞。社會裂痕在拉大，仇恨與敵意在加深。最近的一項調查表明，甚至到了今天，57%的以色列民眾都認為由於無端的仇恨，以色列民族時刻都處於危險之中。

在目前這種狀況下，他們必須靜下心來，發現他們的精神之根，明白他們從何而來以及他們是如何成為「以色列人」的，找到這個民族賴以建立的原則，及做為以色列人所承載的歷史使命和目標。以色列這個民族是一個建立在精神理想的永恆基石之上的民族，只有當他們這種依賴精神的理想真正地具有了「生命」的時候，他們才能真正團結起來，從而推動世界各地的所有民族都走向團結統一的道路，實現全人類被創造的目的，將全人類帶離目前這種危機重重的境地，上升到一個新的永恆和完美的存在層面。

18 反猶太主義

「這個世界上沒有任何一個災難不是為了以色列而發生的。」

——《塔木德》Bavli，Yevamot 63：1

瞭解了以色列的特別角色有助於我們比較容易地理解在歷史和世界上廣泛存在的反猶太現象，並且會知道如何去解決它。反猶太主義現象的產生以及世人為這個世界發生的不幸事件都指責猶太人的根源，正是以色列民族存在的目的部分反映：為全人類提供一種改正利己主義自我的方法。以色列人的命運取決於他們意識並實現自身所承載的這個特殊使命的方式。

只要以色列人不在他們自己身上踐行這個改正方法，並且不將它傳播給全世界的所有其他民族的話，那麼人類與自然的不平衡將會繼續加劇。而這將進一步增加消極現象在全人類及每個人的生活中出現的強度及頻率。時至今日，這種現象已經嚴重到了引發一場越來越嚴重的全球危機的程度。

反猶太主義隨著各個民族的演變在不斷地出現。在潛意識中，所有民族都覺得他們的幸福取決於以色列人。這就是為什麼對猶太人的這種消極態度會特別明顯地出現在那些發達國家之中。這樣，德國這個 20 世紀初最發達的國家，也是那個掀起可怕的反猶太人浪潮的國家也就不足為奇。

一個民族的利己主義越是強大，那種對猶太人的仇恨就越強烈。在有些民族，它直接表現為對猶太人的暴力行為；而在其他一些民族，反對猶太人的方式則表現為默許和支持。

如今，利己主義的進化已經導致世界上越來越多的民族開始憎恨以色列。甚至連以前同情以色列的那些國家，比如北歐的一些國家，也加入了仇視以色列的行列。

歐盟進行的調查表明，歐盟60%的人都認為以色列是一個給世界和平帶來最大危險的國家。比如，在荷蘭，高達74%的人支持這一觀點。調查還顯示，以色列在受過高等教育的人們的心目中的形象越來越差。

除此之外，一些看似「無足輕重」的國家也在發表公開反對以色列的言論。甚至連個別與以色列沒有任何直接交往的國家也都表現出反對猶太人的態度。所有這些現象都源自創造的本性，正如《聖經》上所描述的：「以掃（Esau）憎恨雅各（Jacob）是眾所周知的。」

應當指出的是，其他國家之間的相互交往方式，和這些國家與以色列之間的交往方式存在著非常大的差異。甚至連兩個敵對國家在面臨共同的威脅時，都將會團結起來，就像動物為逃避危險而團結在一起一樣。

然而，所有民族對待以色列的態度卻截然相反，即使在遭遇共同威脅的情況下，他們也會對以色列人橫加指責，似乎他們的危險境況都是以色列人造成的。

目前，許多民族認為這個世界上沒有真正屬於以色列人的地方，甚至連以色列這塊土地都不屬於它。這種觀念源於他們本能地覺得以色列人就是人類面臨的一切困境的禍根。

然而，甚至連這些民族也無法有意識地向他們自己或向以色列人對為什麼會這樣做出解釋。

實際上，就連猶太人自己也無法理解為何每個民族都憎恨他們，為何他們會感到那種奇怪的愧疚感。看起來似乎他們都虧欠其他那些民族似地，並認為別人這樣消極地對待他們是他們自己罪有應得。

其實，這種反猶太主義的現象的產生並不取決於其他民族，而只取決於以色列自己的角色。以色列人必須不要再指望任何國家會幫助他們，或者寄望於整個世界對他們的態度會變得更好。

恰恰相反，如果他們不去努力實現自己承載的偉大使命，甚至在那些今天看似支援他們的國家中都會滋長出對他們的仇恨。

19 伊斯蘭教的興起

除了日益增長的反猶太現象之外，還存在一個最近出現的現象嚴重威脅著以色列的生存狀態：基督教正在喪失其對伊斯蘭原教旨主義的優勢。這一過程在兩千年前的《光輝之書》將其描述為當以色列回到她的土地時將要發生的一個過程：

「而伊實梅爾（Ishmael）的子孫們註定要在這個世界引發大的戰爭，而伊多姆（Edom）的後代則會同他們彙聚起來一同和他們開戰。」

——《光輝之書》VaEra 203

當我們研究伊斯蘭教的興起時，就像我們研究其他任何過程一樣，我們都必須首先知道在這個世界上發生的所有事情都是現實背後隱藏著的那些力量之間的平衡所引發的。例如，我們不能感覺萬有引力本身，我們看不見或感覺不到它，但是我們卻可以感覺到它的反應產生的後果。我們測量它的效果並且從而學會如何應對它。

同樣的道理，在現實中也存在著很多影響著人類社會的力量。然而，與那些影響比人類層面低的存在層面（在自然中的靜止層面、植物層面、動物層面以及我們的身體）不同的是，我們卻無法清楚地辨別那些影響人類社會的力量是什麼，或者判定它們導致的後果。之所以會這樣，是因為研究一個特定的現象需要站在一個高於這個被觀察的現象層面的地方來俯視觀察它。例如，一個孩子沒有辦法研究做為一個孩子意味著什麼。與此相類似，我們在目前還沒有辦法弄清楚那些現在影響我們自身所處的這個層面——人類層面的力量。

然而，由於現實是完整的，正如自然的力量影響著自然的所有層面的存在一樣，人類社會也不例外地受到自然的力量的影響，儘管其影響方式是向我們隱藏著的。事實上，我們在人類社會中、在人類關係中、在人們之間、在國家之間觀察到的所有現象，都是自然的力量影響的結果產生的現象，它們就像一個牧羊人驅趕一群羊一樣操縱著人類社會。

如果我們想要改變我們的處境，我們必須弄清楚這些力量是什麼，並對它們從那裡影響我們的那個地方施加影響。而它們影響我們的那個層面高於我們存在的這個人類層面，所以它被稱作「**自然的更高層面**」或被叫做「**更高的世界**」。

卡巴拉學家這樣描述這種對應關係：

「在這個世界上，哪怕只是一顆小草都在更高的世界裡對應存在著一個力量（天使）控制著它，並叫它”生長“。」

用其他的話表達，在我們這個世界沒有任何一件事物不是由於一個在更高世界裡的操控它的力量使它發生變化的。

因而，為了在總體上弄清楚宗教之間的關係，特別是伊斯蘭教的興起，我們必須知道宗教的更高的根源是什麼：也就是那三條線是什麼？事實上，人類向著與那個無所不包的自然獲得平衡的進化道路是沿著左線，右線和中線三條線展開的。在這條發展道路上存在各種階段，在每一個階段上，一個人都從左線獲得利己主義自我，而從右線獲得利他主義的平衡力量以改正那個利己主義自我。我們的任務就是將這兩條線合併在中間，也就是意味著利他地使用這種利己主義自我。與這三條線相對應的是一個旨在支撐它們的系統，就像保護著內在的果肉的水果外皮的作用一樣。由於這個原因，這個系統被命名為：「Klipot 外殼系統（the Klipot (shells, peels) system). 它的任務就是保證這幾條線的功能的正常發揮。

在人類社會中，右線和左線就分別對應著伊斯蘭教和基督教。

左線和右線幫助以色列在向著實現自然的計畫的方向前進的道路上能夠在中間保持一條直線。在以色列的精神流放期間，作用在以色列身上的力量主要來自屬於左線的基督教力量。但是，在到達對整個人類的集體利己主義改正的最後階段時，來自右線的伊斯蘭教的力量則會變得越來越活躍。

在以色列的精神流放期間，各個民族的演化是以其利己主義的不斷膨脹和強化為特點的。因此，這個左殼（the left Klipa）是設計以色列以及將之與這個世界上的其他民族相區分的主導力量。它是通過對以色列仇視的方式實現那個目的的，也就是通過反猶太主義的方式。之所以會這樣，是因為這樣就可以防止以色列在其長達數千年的精神流放期間與其他民族之間的同化。

然而，在以色列精神流放結束重新回到以色列之地的時候，這已經變得不充分，這時，那個來自右線外殼的與平衡的力量對立的力量必須被喚醒，並驅使著以色列獲得真正的利他主義品質。

自然的內在力量操縱著人類社會：各個民族，各個國家等等。因此，在以色列的流放期間，這個左殼 Klipa，對應基督教，控制著整個世界。它取代了雅典和羅馬的位置（它們不是宗教或 Klipot），主導著整個世界並壓制著所有其他方法教義。

但是，隨著以色列必須改正它自己並且使利他主義超越其利己主義自我的時間的臨近，右殼 Klipa 力量對這個世界的主導就會在這個世界開始顯現，這就是我們在整個世界範圍內感覺到伊斯蘭教逐漸取代基督教的主導地位的趨勢。

而當以色列人開始同時應對來自左線和右線形成的左殼和右殼兩個 Klipa 的力量以使它自己可以處於中線位置的時候，他們將遭遇來自中線的 Klipa，也就是存在於他們自己內在，在他們自己的宗教的外殼，並且他們將不得不區分它，隔離它，並將它從這個世界中根除掉。

我們應該意識到卡巴拉學家們描寫的所有那些戰爭都可以在一個高於人類——社會的層面，也就是我們的願望的層面上被決定和化解掉。如果我們能夠在那裡獲得勝利，也就是成功地實現那個改正方法，並且學會利他地使用我們的利己主義自我，我們就會建立起那條中線。在那種狀態下，戰爭就可以不在這個物質世界以物質化的方式展開。

我們應該記住我們和自然之間的平衡和不平衡的程度決定了外部物質層面的現實以及我們將遭遇的痛苦的程度。改變的關鍵掌握在以色列手中，因為現實中那個唯一活躍的部分，使現實向好的或壞的方向發展的決定權，都取決於以色列，也就是位於我們每個人內心深處的那個想要和創造者連接的叫做「以色列」的願望的出現和其及早在卡巴拉智慧（Torah）指引下的改正。。

20 內在部分與外在部分

「請不要忘記，世界上的一切事物都有其內在部分及外在部分所組成。以色列，亞伯拉罕、以撒（希伯來族長，猶太人的始祖亞伯拉罕和薩拉的兒子）及雅各的子子孫孫通常都被視為這個世界的內在部分，而其餘的七十個民族則被視為這個世界的外在部分。」

——巴拉蘇拉姆《對〈光輝之書〉的介紹》

以色列人可類比為人類這個群體的人身體上的主要器官——大腦、心臟、肝臟、肺臟和腎臟——它們操控著身體的其他器官。當這些器官運轉不良時，整個身體就會感到痛苦，人就會得病。

因此，治療人類自我的利己主義的過程，依賴於在治療以色列人上的成功。其餘的軀體部分都會做為治癒以色列的結果順利、容易地得到治療。由於自然的規劃將以色列人置於主導這個世界的狀態的位置，以色列人被視為是這個世界的內在部分，而其他的民族則被視為整個世界的外在部分。

實際上，無論你檢驗什麼事物，你都會發現它包含著一個內在部分和一個外在部分。事物的內在部分被稱為「以色列」，而外在部分則被稱為「世界的其他民族」。

例如，任何一個覺醒過來有了改正自我的利己主義的意識的人，都包含著兩個類別的願望：一個叫做「以色列」——渴望與利他的自然獲得平衡的願望；另一個叫做「世界其他民族」——利己主義的願望。

與自然的完美平衡只有在一個人所有的利己主義願望與利他主義的自然獲得平衡時，才能得以實現。在這個世界上的所有事物都以這種類似的原理運行著。因此，只有當全人類所有的人都被改正時，我們才能實現人類利己主義的完全改正。然而，根據根植於自然規劃所設定好的改正秩序，那些構成以色列民族的人們卻對這個過程有著決定性的作用。

當一個來自以色列的人能讓自己的內在部分——也就是他的利他的願望超越自己的外在部分——那些利己主義的願望時，這個人就加強了在以色列以及全世界其他民族的內在部分。在這樣做的過程中，以色列人就在履行自己的使命方面就向前邁出了關鍵的一步，而且所帶來的結果就是世界民族將會渴望支持和接近以色列。

另一方面，如果一個來自以色列的人非常欣賞自己利己主義的外在部分，並將其置於自己的利他的內在部分之上，那麼這個以色列人將會在所有的其他層面上將外在部分的價值置於內在部分的價值之上。它所造成的後果就是以色列人與自己承載的使命背道而馳，這樣的話，世界其他民族將征服他們，降低他們。

卡巴拉學家耶胡達·阿斯拉格對這種將以色列人的角色定位是，整個現實關係的設計者的認知是這麼表述的：

「請不要對一個人的行為既能夠讓整個世界提升，也能夠讓它下降這種現象感到驚訝……而且，構成所有事物的那些部分都在這個整體中存在著。」

——卡巴拉學家耶胡達・阿斯拉格《對〈光輝之書〉序言》第68條

卡巴拉學家庫克在他的著作《聖潔之光》（Orot HaKodesh）中介紹了一個類似的觀點：

「一個人的意志的力量的價值之大，以及他在現實中的重要性有多關鍵，都有待於藉助隱藏在托拉中的祕密，也就是卡巴拉智慧予以揭示。而這種揭示將是所有科學的皇冠。」

——卡巴拉學家庫克在他的著作《聖潔之光》

因此，儘管以色列人口很少，但他們卻蘊含著實施這整個世界的改正所必需的能量。其他民族的覺醒，都完全取決於以色列人將利他的內在部分置於利己的外在部分之上，或者說在自己內部把「以色列」的願望置於其他「世界民族」的願望之上。

實際上，以色列人決定著他們自己與世界其他民族之間的關係。世界民族之所以能夠起來抗擊他們，是因為以色列人在賦予他們力量。以色列人如果不斷地將他們的利己主義的外在部分的重要性置於他們的利他主義的內在部分之上的話，就等於是讓世界其他民族在外面也征服他們自己。

如果以色列人哪怕至少能夠再接近自然的利他力量一點點，他們的敵人都不會再想與他們開戰。如果他們再邁出一步，曾經的敵人將成為他們的朋友。無論敵人怎樣，他們都會得到這樣一種直接反應。實際上，以色列人，在操控著他們！

如果以色列人觸及那個內在的點，他們的敵人會立刻發現自己的內心中產生了一種截然不同的願望，彷彿以前根本沒有對以色列人產生過敵意似的。曾經的敵人將會覺得在以色列人的幫助之下，他們也能夠達到永恆與完美。

由此可見，以色列人怎樣去貶低自己的利他主義的內在部分，人類就將怎樣去貶低他們。如果以色列人頌揚實現自然的目標的重要性，人類將會把他們視為通向幸福的道路的掌握者。這就是內在部分與外在部分的相互法則，而且它不可改變。

21 歌革與瑪各的戰爭

這種在內在部分與外在部分之間的鬥爭，被稱為「歌革與瑪各的戰爭」。它在以色列人內部展開，它的結果決定著全世界的命運。如果以色列人獲得了最終的勝利，那全人類就會避免在生活中經歷這場被描寫得如此可怕的世界末日大戰。

歌革與瑪各的戰爭實際上是一場內在的戰爭，發生在屬於以色列的人們內心中間。它不同於人們通常所想的那樣，它並不是一場用飛機和導彈攻擊對方的有形的戰爭。飛機和導彈並不是真正的戰爭，它們只是累積的不平衡導致的一種外在物質表現。

歌革與瑪各的戰爭是我們的願望的內在部分與外在部分之間的一場戰爭。這場戰爭在我們的內心和我們的頭腦中進行。當它展開時，它給了我們一個選擇。我們究竟想屬於哪一種願望？我們是崇尚世界的內在部分，還是崇尚它的外在部分呢？我們的願望、思想和心思將被引向哪兒呢？這就是那場戰爭。而且本著作旨在讓每一個屬於以色列的人都意識到，他或她的內在部分決定著發生在外部世界的一切。

為了贏得這場戰爭，我們需要一種手段來提升我們心中的內在部分的重要性。正是為了達到這一目的，卡巴拉智慧才在我們這一代被揭示出來。在精神及身體的流亡過程中，以色列人與這種智慧失去了聯繫。當被選中的幾個人用這種智慧改正了他們的利己主義，並感知到了那個無所不容的自然時，其他的以色列人則與卡巴拉智慧完全失去了聯繫，他們只是停留在信守以色列傳統中那些膚淺的象徵物上。

我們應當注意到摩西傳授給以色列人的那種改正自我主義的方法——「Torah」（《摩西五經》；這個單詞來自希伯來語的「oraa」，意思為「指導」）是藉助枝言記載下來的。它用的是這個物質世界的術語（枝）表明的卻是精神世界的元素（根）。

卡巴拉學家是指那些已經達成與自然的平衡並同時生活在物質世界和精神世界的人們，他們知道如何去破譯這種枝言寫成的《聖經》（或Torah）。他們能夠鑑別每一個物質的枝所指向的精神之根。

因此，他們將《Torah》視為對改正利己主義的自我的在前面提到過的那三條線所進行的內在工作的指導。

然而，其他的人們只會將這種枝言看成是對於這個世界的歷史事件的敍述。他們只看到了《Torah》（《聖經》）的表面外殼部分，並沒有想像到在它內在還隱藏著博大的智慧。因此，在整個精神流放期間，人們都只是將《Torah》當成歷史書或律法文獻之類的書籍來對待。

在《卡巴拉智慧的實質》及《10個Sefirot的研究》的第一部分中，卡巴拉學家耶胡達·阿斯拉格將這種現象稱為「物質化」。他解釋說，這種物質化是數千年來以色列脫離精神世界所造成的一種結果。

直到我們這個時代到來之前，卡巴拉學家還一直對卡巴拉智慧守口如瓶。然而，當象徵著以色列精神流放結束的回歸以色列的現象大規模出現時，卡巴拉學家們就從幕後走到了台前，號召以色列人讓他們自己重新認識自從聖殿毀滅之時起就被人們遺忘的人生的目標。

因此，卡巴拉學家們鼓勵人們學習並使用卡巴拉智慧，以實現這一創造的目標。

卡巴拉智慧的獨特性在於它不會容許人們將其著作中所描述的事物物質化。這是因為它所運用的語言並不是枝語言，而是一種有關世界和Sefirot（即精神的物件）的密碼語言。

它詳細描述了自我的所有成分，以及改正它的各個階段的詳細情況。藉助圖表、圖解和計算公式等，卡巴拉指導一個人如何走好改正其利己主義的每一個階段，並指出在每一個階段中需要做出什麼步驟，甚至解釋應該如何去做。

它不給人們留下任何一個人可以在不改正利己主義的自我的前提下，一個人還能夠在人生中獲得好的結果的幻想。最後，卡巴拉指出，只有透過內在的行動才能夠進行這種改正。

這就是為什麼卡巴拉學家們解釋說，以色列人只有藉助卡巴拉智慧，才能重新實現與自然的平衡。這也是為什麼他們要致力於向大眾傳播卡巴拉智慧。

他們意識到這是唯一一條讓以色列人和整個世界早日獲得拯救、擺脫困境和危機，避免戰爭和痛苦的途徑，因為*「有關拯救的全部關鍵就在於……對那個最高的完美的達成（徹底理解）與知道」。　——卡巴拉學家耶胡達·阿斯拉格《對生命之樹的介紹》*

生活於18世紀的立陶宛首都維爾紐斯的偉大的卡巴拉學家GRA（Vilna Gaon）在其著作中寫道：

「拯救主要取決於學習卡巴拉。」

——GRA（Vilna Gaon）（《Even Shlomo》第11章第3條）

卡巴拉學家庫克也同樣解釋說：

「以前只有那些偉大的、傑出的人才能解決這個偉大的精神問題，現在它卻必須在人類的各個層次上，全民族範圍內得以解決。」

——卡巴拉學家庫克

同樣，卡巴拉學家耶胡達·阿斯拉格（在《對〈生命之樹〉序言》中）明確提出：

「只有透過在廣大民眾中間傳播卡巴拉智慧，我們才能得到完全的拯救。因此，他補充說，我們有義務撰寫書籍，加快卡巴拉智慧在世界各民族中的傳播。」

——卡巴拉學家耶胡達·阿斯拉格《對〈生命之樹〉的介紹》

但卡巴拉學家們也遭遇到了反對。並非所有那些正統的領導者們都聽從他們的召喚；有些人反對它，並極力阻撓卡巴拉智慧的傳播。

這種反應是以色列人在過去的兩千多年間的精神流放造成的結果。在流亡的最後一個、也是在精神上最低的階段中，那些沒有達成精神世界的人反而成了他們的人民的領袖。

卡巴拉學家耶胡達·阿斯拉格開始在以色列民眾中傳播卡巴拉智慧時的遭遇，就是一個很典型的例子。他對自己的使命非常清楚：

「我發現我們現在迫切需要摧毀那道，自從聖殿毀滅之時起直到當今這一代就一直將我們與卡巴拉智慧隔離開來的鐵牆。這完全取決於我們並且激發起卡巴拉智慧徹底被以色列民族遺忘的恐懼。」

——卡巴拉學家耶胡達·阿斯拉格《對〈10 個 Sefirot 的研究〉的序言》

在一次為了阻止二次世界大戰那場即將降臨的大屠殺的發生，卡巴拉學家耶胡達·阿斯拉格在 1933 年出版了一系列的專題論文。

他在第一篇論文中指出，他在隨後的日子裡將出版五十篇這類著作，而第一部著作中首篇文章的標題就是「是行動的時候了」（Time To Act），它清楚地表達了作者傳播卡巴拉拯救猶太人和全世界的意圖。兩週之後，他的第二部著作——《相互擔保》（The Arvut，Mutual Guarantee）——出版了，隨後他的第三部，也就是最後一部著作《和平》的問世（The Peace）。

卡巴拉學家耶胡達・阿斯拉格向大眾傳播卡巴拉智慧的意圖，並沒有得到某些公眾領袖的認同，為了阻止這些智慧的傳播，他們甚至要求出版社停止出版這些著作。當然，耶胡達・阿斯拉格並不是受到這種「待遇」的第一位卡巴拉學家。比如，卡巴拉學家Ramchal 在為精神流放的結束之時做出的喚醒人們的努力，也曾遭受到同樣的對待。

在 Ramchal 的《門》（Gates）一文中，他寫道：

「Rashbi（《光輝之書》的作者西蒙・巴爾・約海）曾經向那些只是在表面上研究《Torah》的尚未覺醒的人們大聲疾呼，說他們都處於睡夢狀態，……它是精神流放的結果，由於我們多次出現過錯，以色列人已經忘卻了這條道路，至今還處於睡夢並沉浸在其懵懂不醒，根本沒有留意到它的狀態。請睜開雙眼吧！我們就在黑暗之中，就像這個世界的一具殭屍，就像完全擦著牆走路的瞎子。」

——卡巴拉學家 Ramchal《門》（Gates）

這場向公眾傳播這個改正方法的戰爭是現實中最重要的一場戰爭。如果打不贏這場戰爭，那麼我們人類必將面臨非常嚴重的後果，這是因為延誤了這個改正方法的傳播，會讓每個人自身之內，會讓以色列民族，會讓整個世界的內在部分無法戰勝其相應的外在部分。而這些力量的平衡則決定著我們和全人類將繼續（如果還能繼續的話）生活在一個什麼樣的世界。因此，《光輝之書》中早在大約兩千年前就已經寫道：

「苦難將降臨在那些人身上……是他們讓《Torah》變得枯燥，因為失去了思想和知識的滋潤。他們將自己局限於《Torah》的實用部分，而不想去努力瞭解蘊涵其中的卡巴拉智慧的精髓……苦難將降臨在那些人身上，因為他們的所作所為給這個世界帶來並製造了貧窮、破壞、搶劫、掠奪、殺戮和毀滅。」

——卡巴拉學家西蒙·巴爾·約海《光輝之書》《改正》30

神聖的Ari的弟子和其智慧口錄抄寫員海姆·維塔爾（Chaim Vital），他在給Ari的《對〈生命之樹〉的序言》中寫道：

「可悲呀！那些由於褻瀆《Torah》而給自己招致苦難的人。毫無疑問，如果只是在字面上閱讀《Torah》，而且只對其中的故事感興趣，就會覺得它只不過是身穿它的喪服，將一個麻布袋套在它的身上。而所有的民族都會對以色列說：『為什麼你們的上帝要比別人的上帝更好呢？為什麼你的教義要比我們的更好呢？你們的教義不也滿篇都是充滿著塵世間的瑣碎之事嗎？』對《Torah》而言沒有比這個更大的侮辱的了。可悲呀！你們那些由於褻瀆《Torah》而給自己招致苦難的人們！而且由於他們並不鑽研能夠給《Torah》帶來榮光的卡巴拉智慧，他們就讓精神的流放變得更加曠日持久，並使得一切邪惡在這個世界得以蔓延。」

——卡巴拉學家海姆·維塔爾（Chaim Vital）

在二戰希特勒針對猶太人的大屠殺發生之後，偉大的卡巴拉學家耶胡達·阿斯拉格從 1945 年起一直到他與世長辭的那一天，都在致力於出版他的《對〈光輝之書〉的階梯（Sulam）的注釋》這部偉大的著作。在《階梯》注釋的序言中，他再一次強調了認識這個改正方法的緊迫性：

「現在是我們那些從大屠殺逃脫出來的人必須改正那些可怕的錯誤的時候了……如果我們能夠做到這個的話，那麼，我們每個人得到的回報就是我們內在部分的加強……這樣，以色列的全體民眾都能夠獲得這種力量……這樣，全世界所有民族的內在部分、世界其他民族的那些正義者都將戰勝和征服自己那些破壞性的外在部分。這個世界的內在部分——也就是以色列——在其功勳與美德上，都將超越到這個世界的外在部分——其他民族之上。這樣，這個世界的所有民族都將認可並感謝以色列的價值。」

——卡巴拉學家耶胡達·阿斯拉格

2.2 世界的未來掌握在我們手中

從前面已經講述的內容可以看出，全球危機的解決尤其取決於以色列人，取決於以色列民族的每一位成員。並不是取決於那些是世界的領導者們，而是全世界每一位普普通通的叫做以色列的精神渴望被喚醒的民眾，雖然以色列人的以色列在這中間起著某種舉足輕重的作用。

以色列人未能完成其承載的使命的每一刻都讓他們付出了巨大的代價。以色列人無法迴避或拒絕他們的使命。

這比較類似於《聖經》中所講的先知約拿的故事。約拿被派遣去告誡尼尼微（古代亞述的首都）的居民，他們正在面臨著危險。約拿曾想方設法逃避賦予他的這項任務，但最終還是被迫去完成了它。（見《聖經》《約拿記》）

先知約拿的故事對我們每個人而言都堪稱貼切的諷喻。這就是為什麼卡巴拉學家教導人們在每年的節日 Yom Kippur（贖罪日）——反省的日子，都要閱讀先知約拿的故事。它能夠提醒以色列人意識到自身所承載的使命和義務。

即使以色列人想透過逃亡到海外其他國家來逃避他們的責任，這也不是出路。就像約拿船上的水手在暴風雨即將降臨之時，他們將感受到的一切威脅都歸罪於約拿，並且把他扔下船扔進海裡一樣，今天全世界所有民族都覺得以色列人應該為這個世界所處的困境被責怪，而且他們給以色列人施加的壓力將快速地不斷增強。

以色列民族今天所處的黑暗現實可能僅僅是另一個即將到來的更大苦難的開始。

以色列人已經在以色列建起了一個人為的泡泡，他們每天都在其中過著日常的生活。以色列人中的一些人認為藉助武力他們將能戰勝鄰國，還有一些人相信，有朝一日他們將和其鄰居和平共處。不管怎樣，外在氛圍就是：「一切將會好起來。」可是他們並沒有意識到那些潛在的危險，因此他們每天都還是在按部就班，不緊不慢地生活著。

目前，他們被容許生活在以色列，即使他們在履行自然的計畫賦予他們的使命方面已經延遲很多。這種狀態非常類似於第二聖殿毀滅之前的那種狀態。在那次毀滅發生的大約七十年前，毀滅的跡象就已經呈現出來，因為當時人們已經墮落到這個物質世界的最低層面——無緣無故的仇恨。

然而，那個聖殿還是支撐了相當長的一段時間，而且當時的人們還未開始其精神流放。

但在那個時候，毀滅已經在力量層面上發生了，但它在這個物質世界的物質化還需要一定的時間。因此，它就「延遲」了幾十年。今天，也出現了一個延遲，只不過這一次是自然這麼安排的以便讓我們趁這段時間趕快完成自我的改正。

以色列人之中哪怕只有很少一部分人「傾向於」履行他們的義務，與自然的力量平衡的天秤就會改變。對這種改正自我的方法的實現只要一開始，就必將迅速給整個世界帶來變化。全世界都認為猶太人在操控著整個世界，並且認為猶太人掌握著一些不願意與他們分享的祕密，這一點也不令人奇怪。這是事實，而且其他的人潛意識中有這樣的感覺。

如果我們的思想是自私自利的，那麼我們就會對這個世界造成消極的影響。然而，如果我們真想有所改變的話，那個利他的思想將能讓我們以閃電般的速度使這個世界變得更加美好。

以色列人已被自然「選定」為「上帝的選民」的意思就是，在他們自身之內蘊含著思想和意志的力量，如果這些力量得到正確地運用，那麼他們就能在一瞬間改變現實。

以色列人必須認識到這一點，並且因而「將這個世界判給天秤值得傾斜的那一邊」。（Sentence the world to a scale of merit.」（Talmud Bavli, Kidushin,40:2）

今天，每個人都應該掌握這個改正方法的原理，並且在努力實現自身改正的同時，將這種知識傳播給其他人。當我們閱讀涉及這個改正方法的著作，或者在網路上碰到類似的內容，或者觀看與這一主題相關的錄影時，我們的內在部分都能夠得到強化。

這將讓我們更加強烈地感到我們的未來，我們的幸福及我們所愛之人的幸福，都完全而且只取決於實現與利他的自然的平衡，這種強烈的感覺會讓我們更加渴求達到與自然的利他力量的平衡。藉助這種做法，我們將立刻改變我們人生的航向。

作為總結，我們以色列人應當意識到我們是一群肩負著創造的特殊的歷史使命的人。任何發生在這個世界身上的一切苦難，都是因為我們而發生。除了我們，沒有別人可以被指責。沒有人可以為我們決定任何事情，而且這個世界上也沒有其他任何民族完全決定著在這個世界上所發生的一切事情。

這些聽起來可能會讓人難以接受和理解，但是，一切都掌握在那些擁有叫做「以色列」的精神渴望的人的手中，並且取決於他們。他們是唯一能夠決定他們自己的命運和整個世界的命運的人們！

如何聯繫我們

網站 Internet:
www.kabbalah.info/cn

卡巴拉電視 Kabbalah TV
www.kab.tv

網路書店 Bookstore
www.kabbalahbooks.info

學習中心 Learning Center
edu.kabbalah.info

電子信箱 E-mail
chinese@kabbalah.info
info@kabbalah.info

Bnei Baruch Association
PO BOX 3228
Petach Tikva 49513
Israel

Kabbalah Books
1057 Steeles Avenue West, Suite 532
Toronto, ON, M2R 3X1
Canada
E-mail: info@kabbalahbooks.info
Web site: www.kabbalahbooks.info
USA and Canada:
Tel: 1 416 274 7287
Fax: 1 905 886 9697

國家圖書館出版品預行編目資料

從混沌到和諧 / 麥可．萊特曼原著 ； 周友恒編譯
．-- 第一版．-- 臺北市 ： 樂果文化出版 ：紅螞
蟻圖書發行， 2012.08

面 ； 公分．--（卡巴拉系列 ； 4）

ISBN 978-986-5983-13-0（平裝）

1. 東方哲學

133 101011987

卡巴拉系列 04

從混沌到和諧

作　　者／麥可・萊特曼
編 譯 者／周友恒
總 編 輯／何南輝
行銷企劃／張雅婷
內頁設計／陳鵬全
封面設計／鄭年亨

出　　版／樂果文化事業有限公司
讀者服務專線／（02）2795-6555
劃撥帳號／50118837 號　樂果文化事業有限公司
印 刷 廠／卡樂彩色製版印刷有限公司
總 經 銷／紅螞蟻圖書有限公司
地　　址／台北市內湖區舊宗路二段 121 巷 28．32 號 4 樓
電話：（02）27953656
傳真：（02）27954100

2012 年 8 月第一版　定價／250 元　ISBN 978-986-5983-13-0

Kabbalah
Wisdom

Kabbalah
Wisdom

Kabbalah
Wisdom